Elisabeth Emmerich Augsburger Kochbuch

Die
schwäbisch-bayrische Küche,
oder
neuestes
Augsburger Kochbuch,

eine
zuverläßige und leichtfaßliche Anleitung geschmack-
haft und ökonomisch kochen zu lernen,

nach

eigener Erfahrung für bürgerliche Haushaltungen eben-
sowohl, wie für die vornehmere Küche verfaßt

von

Elisabetha Emerich.

Mit einem Titelkupfer.

Kempten 1830.
Druck und Verlag von Tob. Dannheimer.

Augsburger Kochbuch

mit

zweihundert der besten Rezepte

aus dem Jahre 1830

neu herausgegeben und überarbeitet

anno 1977

von

Elisabeth Emmerich

erschienen

im

Brigg Verlag

Augsburg

AUGUSTANA BUCH N⁰ 26
© by Brigg Verlag GmbH Augsburg 1977
Alle Rechte vorbehalten
ISBN 3-87101-120-7
Grafische Gestaltung Franz B. Hahnle
Fotosatz: Karl Senser Nachf.
Druck: Pestalozzi-Druck
Bindung: Thomas-Buchbinderei

Das Original des »Augsburger Kochbuches« der Elisabetha Emerich
befindet sich im Besitz des Barons Horst von Stetten, Neusäß-Hammel

Inhalt:

Kapitel I, Seite 11
Suppen
. . . und Knöpflein in die Suppen.

Kapitel II, Seite 21
Salate.

Kapitel III, Seite 27
Gefüllte und pikante Gemüse.

Kapitel IV, Seite 43
Fleisch als Hauptgericht.

Kapitel V, Seite 57
**Fische auf
verschiedene Art zuzubereiten.**

Kapitel VI, Seite 67
Saucen **zum Kombinieren
und Probieren.**

Kapitel VII, Seite 75
**Pudings und Mehlspeisen,
süß und salzig.**

Kapitel VIII, Seite 85
Allerlei Muß.

Kapitel IX, Seite 91
Verschiedene Crèmes.

Kapitel X, Seite 99
Kuchen und Torten.

Kapitel XI, Seite 111
Kleine Backereien und Leckereien.

Kapitel XII, Seite 121
Getränke-Compositionen.

Zur Einführung

Vor nunmehr drei Jahren bekam die Herausgeberin des vorliegenden Bandes ein auf einem Schloß bei Augsburg aufgefundenes Originalexemplar des Kochbuches der Elisabetha Emerich von Anno 1830 zugeschickt. Verbunden mit der Anfrage, ob da familiäre Beziehungen bestünden. Intensive einschlägige Nachforschungen verliefen allerdings ergebnislos. Die Namensgleichheit zwischen der Autorin von 1830 und der Rezepte-Redakteurin von 1977 ist nichts weiter als ein hübscher Zufall.
Immerhin hat er dazu geführt, daß Letztgenannte sich nach anfänglichem Sträuben – wegen des vorausgeahnten Arbeitsaufwandes in der Küche – in wachsendem Maße einer gewissen moralischen Verpflichtung gegenüber ihrer zu Unrecht in der gängigen Kochbuchliteratur in Vergessenheit geratenen Namensschwester bewußt wurde. Dank an dieser Stelle noch allen, die diesen Bewußtseinswandel kräftig gefördert haben, indem sie in selbstloser Weise und ohne Bedenken hinsichtlich etwaiger unvorhergesehener Deckungslücken im Haushaltsbudget beim Durchprobieren der Rezepte aus dem Augsburger Biedermeier halfen. Von rund 800 Rezepten des Originals sind in diesem Band nun 200 neu zusammengestellt worden, mit denen Elisabetha, die lukullische von 1830, noch heute auf Anhieb Köchinnen und Köche in Entzücken zu versetzen vermocht hat. Und selbstverständlich diejenigen auch, die alle Proben hinterher aufessen mußten.
Über die reale Person der Erfinderin solcher Köstlichkeiten war nichts weiter mehr herauszubringen, als daß sie offenbar keine Gnädige gewesen ist. Denn in den genealogischen Archivakten der Stadt Augsburg aus dieser Zeit kommt sie nicht vor. Was sie war, umschreibt sie ohne falsche Bescheidenheit in der Vorrede ihres Buches dahingehend, sie habe „in den angesehensten Häusern hiesiger Stadt" lange Erfahrungen gesammelt und schmeichle sich, „sowohl in den

Küchen höherer als bürgerlicher Stände dadurch einiges Verdienst erworben zu haben . . . " Das deutet auf eine gestandene Herrschaftsköchin oder auch auf eine Kochfrau, die man sich früher auf Empfehlung zu besonderen Festivitäten ins Haus geholt hat.

Natürlich sind ihre Rezepte nicht gerade das Richtige für eine Abnahmediät. Auch nicht für Anfänger in der Kunst des Kochens, ebenfalls nicht für eine Schnellgericht-Küche. Es sind Rezepte für Leute, die Kochen zwischendurch als feiertägliches Hobby betreiben – nein, zelebrieren. Was auch durchaus an einem Werktag stattfinden kann. Anlässe finden sich immer. Und wer vorher einen halben oder ganzen Fasttag einlegt, der darf auch dann getrost biedermeiermäßig schlemmen, wenn er nicht zu den Typen gehört, die man in Sahne wälzen kann, ohne daß sie ein Gramm zunehmen. Besagte Sahne strömt bei unserer Elisabetha reichlich. Kalorien- oder Jouletabellen auszurechnen, hielten wir deshalb für deplaciert.

Noch einige Bemerkungen zum Stil: Selbstverständlich ist er altertümelnd, und als solcher wurde er belassen, soweit nicht die Verständlichkeit darunter gelitten hätte. Andererseits wäre es schade gewesen um diese blumige Ausdrucksweise, hätte sie in den Telegrammstil moderner „Was koch' ich heute?"-Taschenbücher gepreßt werden müssen. Das gilt auch für bodenständige Begriffe aus der schwäbisch-bayerischen Küche, die noch im Gebrauch sind oder durch eine in Klammern gesetzte hochdeutsche Übersetzung verdeutlicht werden konnten. Ebenso sind die damals üblichen Maß- und Gewichtsbezeichnungen geblieben. Wie man sie auf heute gebräuchliche Einheiten umrechnet, steht in der Legenda. Im übrigen gab es Anno 1830 keine Ein- oder Zweipersonenhaushalte, die eine Köchin beschäftigt hätten. Man kann bei den Mengen als Faustregel von einem Vierpersonenhaushalt ausgehen.

Augsburg, Herbst 1977   Elisabeth Emmerich

Legenda zu den Maßangaben der Rezepte

1 Loth entspricht 17,5 Gramm
2 Loth entspricht 35 Gramm
1 Deka entspricht 10 Gramm
1 Quart entspricht 1/4 Liter oder 250 Gramm
1 Quint entspricht 1/5 Liter oder 200 Gramm
1 Maaß entspricht 1 Liter oder 1000 Gramm
(Hier handelt es sich jeweils um die 1830 gebräuchlichen bayerischen Maßeinheiten; es gab daneben beispielsweise auch noch preußische und württembergische.)

1 Löffelvoll meint
   bei Essig, Rahm, Zucker, geriebenen Mandeln, Gewürzen ect.
   einen Eßlöffel
   bei Mehl einen Kochlöffel
   bei Fleischbrühe oder Wasser einen Schöpflöffel
(Diese groben Maße gibt die Köchin für den Fall an, daß keine genaueren Löffelmaße dabeistehen.)

Das im Text ohne Mengenangabe verwendete Milchbrod hatte zur damaligen Zeit ein Standardgewicht von 6 Loth, also 105 Gramm.

Für Ihre Notizen:

Kapitel I

Suppen ... und
Knöpflein in die Suppen.

Nro. 1
Bisquit-**Suppe.**

Hiezu rührt man 1/4 Pf. Butter ganz leicht, schlägt nach und nach 6 Eyer dazu, zu jedem Ey aber einen Eßlöffelvoll feines Mehl, rührt dieses noch eine Viertelstunde, gibt Salz und Muskatblüthe daran, bestreicht eine Form mit Butter, füllt die Masse darein, und backt sie in einem gelinden Ofen. Wenn solches fertig und erkaltet ist, kann es in Schnitten getheilt und geröstet, oder es kann ganz in die Suppenschüssel gegeben werden, in letzterem Fall muß die Suppe ein paar Minuten heiß gestellt werden; es wird Fleischbrühe darüber angerichtet.

Nro. 2
Suppe von gestoßenem Fleisch.

Uebergebliebenes Kalb- oder Hammelfleisch, auch Abgang von Geflügel, wenn man dieses hat, stößt man mit einer Handvoll Petersilkraut und etwas Sauerampf in einem Mörser gut ab, dämpft es mit einem Stück frischer Butter, füllt es mit guter Fleischbrühe auf, und läßt es eine Stunde langsam kochen. Hierauf treibt man solches durch ein Haarsieb, würzt es mit Muskaten, und richtet die Suppe, nachdem sie wieder kochend gemacht worden ist, über geröstete Schnitten von Milchbrod an; es können auch zwei bis drei Eyergelb mit etwas kalter Fleischbrühe abgezogen, und an die Suppe gegeben werden.

Nro. 3
Französische Suppe.

Man schneidet ein paar gelbe Rüben, Petersil, Selleri und Schwarzwurzeln, sammt drei bis vier roh geschälte Erdäpfel in ganz kleine Würfel, wascht sie aus frischem Wasser, und setzt sie mit Fleischbrühe in einer Kasserolle auf; von Milchbrod schneidet man, so viel man nöthig zu haben glaubt, ganz dünne Schnitten, röstet diese gelb, zerstößt sie in einem Mörser gröblich, thut sie ebenfalls zu den Wurzeln in die Suppe, und kocht solche eine Stunde langsam, beim Anrichten wird Muskaten darauf gegeben.

Nro. 4
Andivien-Suppe.

Man nimmt ein großes Stäudchen Andivien, putzt die Blätter von den Rippen ab, schneidet solche fein, und wascht sie aus frischem Wasser, indessen zerläßt man ein Stückchen Butter, dämpft den abgelaufenen Andivien eine kleine Weile, bestäubt ihn mit ein paar Messerspitzevoll Mehl. Wenn solches angezogen hat, und sich zu kräuseln anfängt, gießt man die nöthige Fleischbrühe hinzu, kocht die Suppe so lang, bis der Andivien weich ist, würzt sie mit Muskaten, und richtet sie über geröstete Schnitten von Milchbrod an. Es können auch 2 bis 3 Eyergelb mit ein wenig kalter Fleischbrühe verklopft, und in die Suppe gegeben werden.

Nro. 5
Suppe von Kerbelkraut.

Ein paar Händevoll verlesenes und gewaschenes Kerbelkraut wird ganz fein gewiegt, mit einem Stückchen guter Butter gedämpft, zwei Messerspitzevoll Mehl daran gestäubt, und wenn solches angezogen hat, mit guter Fleischbrühe aufgefüllt, sodann acht Minuten gekocht; Alsdann verklopft man 2 bis 3 Eyergelb mit etwas Fleischbrühe, oder wer es liebt, mit ein paar Eßlöffelvoll süßem Rahm, thut solche an die Suppe, läßt sie aber nicht mehr damit kochen, sondern richtet sie gleich, nachdem sie mit etwas Muskaten gewürzt ist, über Schnitten von Milchbrod an. Man kann unter das Kerbelkraut auch eine Handvoll Sauerampf- und Petersilkraut nehmen.

Nro. 6
Italienische Suppe.

Von Milchbrod schneidet man dünne runde Schnitten, zieht solche durch zerlassene gute Butter, bestreut sie auf einer Seite dick mit geriebenem Parmesankäse, legt sie auf ein Blech oder sonst flaches Geschirr, und läßt sie in einem Ofen leichte Farbe nehmen, hierauf gibt man in die Suppenschüssel Fleischbrühe, legt die Schnitten darein, und trägt die Suppe zu Tisch.

Nro. 7
Suppe von Blättlein.

Von zwei ganzen Eyern, nebst von zweien das Gelbe, und was solche Mehl annehmen, macht man einen festen Nudelteig, wällt solchen in drei bis vier dünne Plätze aus, und schneidet, wenn diese ein wenig abgetrocknet sind, mit dem Backrädlein kleine viereckigte Blättlein daraus, backt sie aus heißem Schmalz gelb, kocht sie in Fleischbrühe ein paar Mal auf, und gibt Schnittlauch oder Muskaten darauf. Man kann auch die Blättlein, ohne selbe zu backen, gleich nachdem sie geschnitten sind, aufkochen lassen.

Nro. 8
Schwarze Brod-Suppe mit Bratwürste, oder verlornen Eyern.

Gutes schwarzes Brod schneidet man in ganz feine Schnitten, röstet solche ein wenig in Butter, thut sie gleich in die dazu bestimmte Suppenschüssel, gießt Fleischbrühe darüber, und stellt die Suppe heiß. Die Würste, welche frisch sein müssen, dreht man in halbfingerlange Stückchen ab, hängt sie in kochende Fleischbrühe, kocht sie wie ein weich gesottenes Ey, schneidet sie ab, und legt sie auf der Suppe herum. In einer breiten Pfanne macht man Wasser siedend, schlägt soviel Eyer, als man braucht, Eins nach dem Anderen hinein, doch nicht zu nahe, daß sie nicht zusammenhängen, und läßt sie blos so lange kochen, bis das Weiße sich darüber gezogen hat.

Nro. 9
Zwiebel-Suppe.

Weißes und schwarzes Brod zu feinen Schnitten gemacht, wird mit kochender Fleischbrühe, oder Wasser angegossen, und in letzterem Fall gesalzen. Hierauf verklopft man 2 bis 3 Eyer mit ein paar Eßlöffelvoll Wasser, gießt solche auf die Suppe, röstet eine kleine Handvoll fein geschnittener Zwiebeln in Schmalz oder Butter gelb, und schmälzt die Suppe damit auf.

Nro. 10
Zitronen-Suppe.

Zwei altgebackene Milchbrode, schneidet man zu feinen Schnitten, schält von einer Zitrone die Schaale ganz fein ab, befreit das Innere oder Mark von der daran befindlichen Haut, die bitter ist, und gibt alsdann Schaale und Mark, klein zerschnitten an das Brod, gießt eine Maaß Fleischbrühe hinzu, kocht die Suppe eine Stunde langsam auf. Treibt sie dann durch ein Sieb, würzt sie mit Muskaten, und gibt sie, nachdem sie wieder heiß gemacht worden ist, zu Tisch.

Nro. 11
Süße Milch-Suppe.

Man verklopft vier Eyergelb mit einer Maaß kochender Milch, worin ein Stückchen Zimmt und Zucker mit gekocht hat, läßt solche unter stetem Umrühren noch einmal recht heiß werden, und richtet sie, über würflig geschnittenes Milchbrod, durch ein Haarsieb an.

Nro. 12
Wein-Suppe.

Man kocht 1/2 Maaß Wein mit einem Stück Zucker, ein wenig Zimmt, einer Walnuß frische Butter, ein Stückchen Zitronenschaale, und ein paar Nelken, zerklopft das Gelbe von 6 Eyern mit ein wenig Wasser, rührt diese mit dem kochenden Wein ab, läßt solchen unter stetem Umrühren noch ein wenig anziehen, aber ja nicht kochen. Richtet ihn sodann, über in Würfel geschnittenes Brod, durch ein Sieb an; wenn diese Suppe von lauter Wein zu stark ist, kann auch etwas Wasser dazu genommen werden.

Nro. 13
Bier-Suppe.

Man zerläßt ein Eygroß frische Butter, läßt zwei Messerspitzevoll Mehl lichtgelb damit anziehen, gießt eine Maaß helles Bier dazu. Ferner thut man ein Stückchen Zimmt und nach Belieben Zucker daran, zerklopft das Gelbe von 4 Eyern, rührt diese mit dem kochenden Bier ab, und richtet solches, nachdem es wieder ein wenig angezogen hat, über gewürfeltes Milchbrod an.

. . . und Knöpflein in die Suppen.

Nro. 14
Knöpflein von Kartoffeln (Erdäpfel).

Sechs große, gesottene und geschälte Kartoffeln werden, nach dem sie erkaltet sind, fein gerieben. Hierauf wird 1/4 Pf. frische Butter mit 5 bis 6 Eyern abgerührt, die geriebenen Kartoffeln nebst Salz, Muskatenblüthe und soviel feines Mehl, als man zwischen vier Fingern fassen kann, darein gerührt. Nachdem der Teig ein wenig angezogen hat, können Knöpflein, in beliebiger Größe, mit Fleischbrühe gekocht, oder auch aus Fett gebacken werden.

Nro. 15
Knöpflein von Hühnerfleisch.

Zwei Hähnchenbrüste wiegt man mit etwas Petersilkraut und ein wenig geschabenen Speck fein, und stößt das Fleisch sodann mit 4 Loth frischer Butter in einem Mörser gut ab. Ein halbes abgeriebenes und in Milch eingeweichtes Milchbrod drückt man fest aus, rührt dasselbe sammt dem gestoßenen Fleisch und dem Gelben von 3 Eyern gut ab, schlägt von dem Eyerklar einen Schnee, mischt solchen mit etwas Salz und Muskatblüthe in die Masse. Man macht davon kleine Knöpflein und backt sie aus heißem Schmalz, oder setzt sie in kochende Fleischbrühe ein.

Nro. 16
Hirn-Knöpflein.

Ein gewaschenes und rein gemachtes Kalbshirn wird mit 4 Loth zerlassener Butter und 4 Eyern gut gerührt, Salz, Muskaten, und so viel Semmelmehl darein gerührt, bis der Teig nicht mehr läuft. Wenn solcher ein wenig angezogen hat, können kleine Knöpflein aus heißem Schmalz gebacken, oder in kochende Fleischbrühe gesetzt werden.

Nro. 17
Abgetrocknete Knöpflein.

Zwei abgeriebene und in Milch eingeweichte Milchbrode preßt man durch eine Serviette fest aus, zerläßt 4 Loth frische Butter, und trocknet solches auf mäßiger Hitze gut ab. Alsdann nimmt man das Brod in eine Schüssel, gibt Salz, Muskaten und einen Löffelvoll fein gewiegtes Petersilkraut dazu, und rührt es mit 4 bis 5 Eyern ab; diese Knöpflein können aus Schmalz gebacken, oder in Fleischbrühe gekocht werden.

N^{ro.} 18
Grüne Knöpflein.

Eine Handvoll Petersilkraut, einige Blätter Spinat und etwas Schnittlauch werden ganz fein gewiegt, solches mit 4 Loth Butter gedämpft, alsdann mit einer starken Handvoll Semmelmehl vermischt, und mit 2 bis 3 Eyern nebst Salz und Muskaten gut abgerührt. Dann werden 2 bis 3 Messerspitzvoll Mehl daran gestäubt, dieses ganz leicht in den Teig gerührt, und davon kleine Knöpflein in kochende Fleischbrühe eingelegt.

N^{ro.} 19
Knöpflein von Schinken.

Ein Viertelpfund Schinken, der etwas Fett haben darf, wird mit ein paar Schalotten fein gewiegt, ein Ey groß zerlassene Butter darauf gegossen, und mit 4 Eyern und einer Handvoll Semmelmehl gut abgerührt. Alsdann stäubt man soviel feines Mehl, als man zwischen 4 Fingern fassen kann, daran, rührt solches leicht darunter, und legt davon Knöpflein von beliebiger Größe in kochende Fleischbrühe ein.

N^{ro.} 20
Gebackenes Brod.

Man schneidet ein Milchbrod in runde Schnitten und diese wieder in drei Theile, zerklopft zwei bis 3 Eyer mit ein paar Löffelvoll süßem Rahm, Salz und etwas Schnittlauch und gießt dieses über das geschnittene Brod; wenn solches gut davon durchweicht ist, wird es aus heißem Schmalz gelb gebacken, und in Fleischbrühe gegeben.

Nro. 21
Gebackene Briesen.

Abgekochtes und gehäutetes Kalbsbries schneidet man in runde Platten, zerklopft ein paar Eyer mit einem Löffelvoll Rahm, Salz und etwas Schnittlauch, wendet die Stücke darin um, bestreut sie mit etwas Semmelmehl, und backt sie aus heißem Schmalz. Sie werden statt, oder zu Knöpflein, in Fleischbrühe gegeben.

Kapitel II

Salate.

Nro. 22
Italienischer Salat.

Man belegt eine Salatiere mit in ganz feine Blatten geschnittene Salami, schneidet geputzte Sardellen länglicht, legt diese nebst Oliven und eine zu feinen Scheiben geschnittene Zitrone abwechselnd auf die Salami. Man streut ein paar Löffelvoll kleine Capern darauf, vermischt 5 bis 6 Löffelvoll Sonnenblumenöl mit ein paar Löffelvoll Essig, Salz und Pfeffer, klopft dieses zusammen gut ab und gibt es darüber.

Nro. 23
Polnischer Salat.

Ein gekochtes Suppenhuhn schneidet man in kleine zierliche Stückchen; hierauf putzt man von schönem Kopfsalat blos die Herzen heraus, wäscht sie rein, und schwingt sie in einer Serviette trocken. Verrührt alsdann das Gelbe von 8 hartgesottenen Eyern mit einem Löffelvoll fein gewiegten Sauerampf, Kressen und Petersil, gibt Salz und Pfeffer dazu, und rührt dieses mit Sonnenblumenöl und Essig zu einer dicken Sauce ab; richtet das Fleisch in die Mitte einer Platte an, taucht den Salat in die genannte Sauce, und setzt ihn um und zwischen das Fleisch ein. Gibt die übrige Sauce über es und läßt es an einem kühlen Ort ganz kalt werden.

Nro. 24
Welscher Salat.

Man reinigt 1/4 Pf. große schöne Sardellen. Grätet sie aus, macht jede in 2 Theile, und rollt sie auf, legt auf einer Platte an dem Rand herum einen Ring von Oliven, reiht an diese die aufgerollten Sardellen an, macht an solche einen Ring von eingemachten Champignon, und füllt den übrigen Raum mit Sellerie- und Orangenstückchen aus. Hierauf wiegt man Capern, einige Schalotten und etwas Petersil ganz fein, füllt damit die aufgerollten Sardellen aus, sprudelt Oel und Essig mit Salz und Pfeffer gut ab und gibt dieses darüber.

Nro. 25
Salat von Karfiol.

Man reinigt und schneidet den Karfiol in beliebige Stücke, kocht ihn in gesalzenem Wassser weich, und legt ihn nach diesem zum Ablaufen auf ein Sieb. Hierauf verrührt man 3 bis 4 hartgesottene Eyergelb mit Salz, Essig, Oel und Schnittlauch, macht damit die Hälfte vom Karfiol an. Von der andern Hälfte taucht man oben von rothen Rüben, setzt diesen rothen und weißen Karfiol nach der Schatirung in ein Salatiere, gießt die abgerührte Sauce neben hinein, und servirt ihn gleich zu Tisch.

Nro. 26
Häring-Salat.

Man wässert und putzt die Häringe rein, reißt sie der Länge nach voneinander, macht Rückgrat heraus und schneidet sie in beliebige Stücke. Etwas Milch verrührt man mit dem Gelben von einigen hartgesottenen Eyern, etwas Salz, Pfeffer, Essig und Oel zu einer dicken Sacue, schneidet eine Zweibel klein, gibt diese an die Häringe, gießt Gemeldetes darüber, und macht sie damit gut durcheinander. Man kann auch 1 oder 2 geschälte Boskop-Aepfel in Würfel schneiden und diese unter die Häringe mischen.
Will man aber den Salat zierlich machen, so schneidet man den ausgelösten Häring in 4 Theile, rollt jedes davon hohl auf, setzt sie auf eine Platte, und füllt sie nach der Schattirung mit gewiegten Aepfeln, dem Gelben von hart gesottenen Eyern, Capern und rothen Rüben voll, sprudelt alsdann Oel und Essig, Pfeffer, Salz und fein gewiegte Zwiebel ab und gibt dieses darüber.

Nro. 27
Kraut-Salat.

Der Inhalt einer Dose Weißkraut wird abgeschmeckt. Hierauf schneidet man ein Stück geräucherten Speck in kleine Würfel, läßt diese auf dem Feuer gelb ausbraten, gießt, nachdem man es zuvor vom Feuer genommen hat, den nöthigen Essig darein. Macht dieses zusammen noch einmal heiß, bestreut den Salat mit etwas Pfeffer, gießt den heißen Essig mit Speck darüber und macht ihn gut damit an.

Nro. 28
Zitronen-Salat.

Man schneidet von schönen saftigen Zitronen die gelbe Schale recht fein ab, zieht die weiße Haut von dem Mark, schneidet solches in feine Scheiben, legt sie in eine Salatiere, und bestreut sie dick mit Zucker. Die Schale, an der nichts Weißes sein darf, schneidet man in lange ganz feine Streife, kocht diese mit einem Stück Zucker, dem Saft einer Zitrone und ein paar Löffelvoll Wein weich, ziert damit den Salat und gibt den Saft darüber.

Nro. 29
Orangen-Salat.

Gute saftige Orangen werden abgeschält, zu Scheiben geschnitten, in ein Salatiere gelegt, solche dick mit Zucker bestreut, alsdann rother Wein darüber gegeben. Beide Arten Salat können zu allem gebratenen Geflügel gegeben werden.

Nro. 30
Melonen in Essig einzumachen.

Man schält die Melonen und schneidet sie in beliebige Stücke. Hierauf kocht man 1/2 Maaß guten Weinessig mit 1 Pf.

Zucker, etwas ganzer Zimmtstange und ein paar Nelken, gießt alles darüber und läßt es 24 Stunden zugedeckt damit stehen. Nach dieser Zeit gießt man den Essig wieder ab, setzt ihn auf das Feuer, gibt, wenn er kocht, die Melonen hinein und kocht sie bis sie weich sind. Läßt sie dann erkalten, legt sie mit einem silbernen Löffel in Zuckergläser, kocht den Essig zu einem dicken Syrup und gibt ihn, wenn er erkaltet ist, darüber. Schmeckt zu Fleisch- und Geflügelbraten.

Nro. 31
Champignons einzumachen.

Man nimmt hiezu die kleinere Sorte, bricht die Stiele davon, wäscht sie rein, und gibt sie zum Ablaufen auf ein Sieb. Hierauf macht man guten Weinessig mit einer Zwiebel, Lorbeerblatt, etwas Salz und einigen Pfefferkörnern siedend, gibt die Champignons darein, läßt sie damit einmal aufwallen, stellt sie dann zum Erkalten bei Seite, und verwahrt sie in einem steinernen Topf, den man mit Butterbrotpapier gut verbindet, an einem kühlen Ort. Mit Eissalat kombiniert, schmecken Melonen wie Champignons besonders frisch.

Kapitel III

Gefüllte und pikante Gemüse.

Nro. 32
Spargeln in gelber Sauce.

Die Spargeln werden sauber abgeschaben, geschnitten, gewaschen, im siedenden gesalzenen Wasser weich gekocht, und alsdann folgende Sauce verfertigt: Man nimmt das Gelbe von 6 Eyern und 2 Messerspitzevoll feines Mehl in eine kleine Pfanne, rührt zuerst mit ein wenig Zitronensaft, dann mit einem halben Schöpflöffelvoll Fleischbrühe sammt ein paar Eßlöffelvoll Spargelsud gut ab, gibt ein Stück frische Butter mit etwas Muskatblüthe darein und rührt die Sauce bis sie anfängt dick zu werden. Kochen darf sie jedoch nicht. Alsdann richtet man die Spargeln auf eine Platte so an, daß die Köpfe alle einwärts sehen, und paßirt die Sauce durch ein Sieb so, daß blos die Köpfe bedeckt sind, daran.

Nro. 33
Gefüllter Wörsich (Wirsing).

Ein schöner Wörsichstock wird abgelöst, das Unreine sammt den Rippen davon gethan, die reinen Blätter aber mit Salzwasser halbweich abgebrüht, alsdann zum Ablaufen auf ein Sieb gebracht. Indessen verfertigt man folgende Fülle: Ein Stückchen Kalbs- oder Schweinebraten wird mit einigen Schalotten oder einer kleinen Zwiebel, etwas Petersilkraut und einem Stückchen geschabenem Speck fein gewiegt, das Innere von einem halben Milchbrod durchgeweicht, fest ausgedrückt, solches mit einem Stückchen Butter gedämpft. Dann wird das gewiegte Fleisch hinzugethan, ein paarmal auf dem Herd umgewendet, Salz und Muskaten dazu gegeben, und noch warm mit zwei ganzen und so viel gelben Eyern abgerührt, daß die Fülle nicht lauft, sondern in der Dicke wie zu Knöpflein ist. Hierauf breitet man auf einem Schneidbrett die abgelaufenen Blätter aus, überstreicht jedes derselben mit einem Eßlöffel von genannter Fülle, schlägt sie an beiden Seiten ein, und rollt eines um das andere wie eine Wurst auf. Man verfertigt alsdann eine gute Butter-Sauce, legt, wenn solche in vollem Kochen ist, die Würstchen darein und kocht sie damit fertig. Beim Anrichten wird die Sauce darüber gegeben.

Nro. 34
Sauerkraut mit Forellen.

Eine Lage Sauerkraut wird in eine Kasserolle eingerichtet. Ein oder zwei Forellen, ungefähr 1 Pf. kocht man im Salzwasser ab, zieht die Haut ab, und zupft das Fleisch dann klein, dämpft dieses mit 4 Loth klein zerschnittener Sardellen und etwas klein zerschnittenem Petersilkraut. Hierauf bestreicht man eine Platte, die man auf den Tisch geben kann, dick mit kalter Butter, gibt darauf eine Lage von obigen Forellen, auf diese eine Lage Kraut, dann wieder Forellen, auf diese eine Lage Kraut, dann wieder Forellen u. s. f. Den Beschluß macht das Kraut. Alsdann zerklopft man zu einer mittleren Platte ein halb Quart dicken, sauren Rahm, überstreicht damit das Kraut, bestreut es mit geriebenem Milchbrod, legt kleine Schnittchen frische Butter darauf und läßt das Kraut in einem guten Ofen Farbe nehmen.
Ebenso wird Sauerkraut mit Schinken gemacht, nur daß die Sardellen wegbleiben, statt diesen aber zwischen jede Lage ein paar Löffelvoll saurer Rahm genommen wird.

Nro. 35
Scorzeneri oder Schwarzwurzeln.

Man schabt die Wurzeln rein, schneidet sie in halbfingerlange Stücke und legt sie in frisches Wasser, wozu man, um das Gelbwerden zu verhindern, ein Glas Essig gibt, kocht sie alsdann in Salzwasser weich, und schüttet sie nach diesem zum Ablaufen auf ein Sieb. Hierauf zerläßt man ein Stück Butter, rührt einen kleinen Kochlöffelvoll Mehl darein, gießt, wenn solches angezogen hat und zu Steigen anfängt, die nöthige Fleischbrühe hinzu, würzt die Sauce mit Muskaten, und gibt die abgebrühten Wurzeln darein. Man kann auch eine Handvoll Ackersalat (Wisselesalat) mit kochendem Salzwasser abbrühen, gut abschwenken, ausdrücken, zu den Wurzeln legen, und die Sauce daran kurz einkochen lassen. Auch können Hühner-, Tauben- oder Kalbfleisch, nachdem jedes zuvor ein wenig mit Fleischbrühe aufgekocht ist, mitgekocht werden. Die Wurzeln können auch beim Anrichten mit frischen Bratwürsten garnirt, oder Brathähnchen dazu gegeben werden.

N^{ro.} 36
Pouppédon von Weiß-Kraut mit Krebsen.

2 bis 3 Weißkrautherzen läßt man kurz in Salzwasser aufstrudeln und drückt sie gut aus. Von 30 kleinen Krebsen nimmt man die ausgelösten Schweife und Scheren, wiegt diese sammt dem Kraut, einer Handvoll Petersil, 4 Loth Mark und einer Handvoll weichgekochten Morcheln klein. 2 abgeriebene, in Milch durchweichte und wieder fest ausgedrückte Milchbrode dämpft man mit 1/4 Pf. Butter, gibt das Gewiegte mit etwas Salz und Muskatenblüthe hinzu, wendet es nocht ein paarmal auf dem Herd um, und rührt es sodann mit dem Gelben von 6 Eyern wohl ab, schlägt das Weiße von 4 Eyern zu Schnee, und rührt diesen in die Masse. Füllt solche in eine mit Butter bestrichene Form, setzt diese im kochenden Wasserbad zugedeckt in einen Bratofen, kocht den Pouppédon 3/4 Stunden und gibt ihn auf eine Platte gestürzt mit einer Krebs-Sauce mit Morcheln, oder einer Butter-Sauce mit fein geschnittenen Petersil zu Tisch.

N^{ro.} 37
Erdäpfel mit Butter-Sauce.

Man siedet die Erdäpfel mit gesalzenem Wasser nicht ganz weich, schält und schneidet solche in 4 Theile, oder auch in runde Platten, zerläßt alsdann ein Stück Butter, läßt damit einen kleinen Kochlöffelvoll Mehl, bis solches zu steigen anfängt, anziehen, gibt einen Schöpflöffelvoll Fleischbrühe mit einem Löffelvoll fein gewiegten Petersilkraut hinzu, legt alsdann die Erdäpfel darein, würzt sie mit Muskaten und kocht sie, bis sie weich sind.

Nro. 38
Geschmälzte Erdäpfel.

Man schält die Erdäpfel roh, schneidet sie in 4 Theile, wäscht sie rein, und kocht sie mit Fleischbrühe oder gesalzenem Wasser weich. Legt sie alsdann mit einem Schaumlöffel auf eine Platte, gibt aber acht, daß sie ganz bleiben, und stellt sie warm. Hierauf zerläßt man ein Stück Butter, röstet damit eine Handvoll klein geschnittenes Petersilkraut, bestreut die Erdäpfel mit etwas Salz und Ingwer, gießt die heiße Butter darüber, und gibt sie zu gedünstetem Stockfisch (Kabeljau).

Nro. 39
Gefüllte Gurken.

Hiezu nimmt man kurze, aber dicke Gurken, die gerade gewachsen sind, schneidet oben einen Deckel ab, durchsticht sie der Länge nach mit einem weiten Hohleisen, welches den ganzen Kern fassen kann, und schält sie nach diesem erst. Füllt die ausgehöhlten Gurken mit Béchamel-Sauce (fertig zu kaufen), legt den Deckel darauf, stellt sie aufrecht in eine Kasserolle, gibt Fleischbrühe mit gerösteten Schwarzbrotwürfeln darauf, und kocht die Gurken darin weich. Beim Anrichten wird die Brühe darüber gegeben.

Nro. 40
Karfiol mit Krebs-Sauce.

Man putzt den Karfiol rein und kocht ihn mit gesalzenem Wasser weich, zerläßt alsdann ein Stück Krebsbutter, läßt damit ein wenig Mehl anziehen, gießt so viel durchpaßirte Krebsbrühe, als zur Sauce nöthig ist, hinzu. (Wer Krebsbutter im Laden bekommt, nimmt ein entsprechend kleineres Quantum Fleischbrühe). Man würzt die Sauce mit Muskaten, und läßt sie einigemal aufkochen; hierauf zerklopft man 3 bis 4 Eyergelb mit ein paar Löffelvoll heißer Krebsbutter, rührt solche mit der Sauce gut ab, und läßt diese unter stetem Umrühren bei mäßiger Hitze noch ein wenig anziehen. Den abgelaufenen Karfiol richtet man schön auf eine Platte an, belegt ihn gegebenenfalls mit warm gehaltenen Krebsschweifen, und paßirt die Sauce durch ein Haarsieb darüber.

Nro. 41
Gefüllter Spinat.

Ein Stück Kalbsbraten wiegt man mit einem Stück geschabenen Speck, etwas Petersilkraut und etlichen Schalotten ganz fein, drückt das Innere von einem halben in Milch durchweichten Milchbrod fest aus, und dämpft solches mit Butter, gibt das gewiegte Fleisch dazu, läßt dieses noch ein wenig mitdämpfen und würzt es alsdann mit Muskatenblüthe und etwas Salz. Man rührt die Fülle, so lange sie noch warm ist, mit zwei ganzen und – so viel noch nöthig – gelben Eyern ab. Die Fülle darf aber nicht zu dünn sein. Hierauf brüht man rein gewaschene und mit Salz bestreute Spinatblätter in einer Schüssel mit kochendem Wasser ab, deckt solche zu, und bringt sie nach einer Viertelstunde zum Ablaufen auf ein Sieb, bestreicht indessen eine Schnecken- oder glatte Form mit kalter Krebsbutter, legt sie mit den abgelaufenen Blättern eines dicht an dem andern bis an den Rand herauf aus, und streicht von der Fülle fingerdick auf den Boden. Hat man ausgelöste Krebsschweife, so legt man solche dazwischen, bedeckt dieses mit einer Lage Blätter, streicht dann wieder Fülle darauf, bedeckt diese wieder u. s. f. bis die Form voll ist. Den Schluß macht eine fingerdicke Lage Blätter. Dann schlägt man die über den Rand stehende Blätter hinein, stellt die Form im Wasserbad in einen Bratofen, gibt einen Deckel darauf und kocht sie 3/4 Stunden. Beim Anrichten nimmt man die Blätter bis auf eine dünne Lage weg, stürzt den Spinat auf eine heiß gehaltene Platte, garnirt ihn mit ausgelösten Krebsschweifen, und gibt zerlassene Butter darüber.

Nro. 42
Bayerische Rüben.

Man schabt Rüben rein, schneidet die Größeren entzwei, die Kleinern werden ganz gelassen. Hierauf macht man in einer Kasserolle ein Stück Butter heiß, bräunt darin einen, auch nach Portion der Rüben, zwei Löffelvoll gestoßenen Zucker, gibt die Rüben, welche man zuvor aus warmem Wasser gewaschen hat, darein, gießt etwas Fleischbrühe hinzu und dämpft solche weich. Röstet alsdann ein wenig Mehl mit einem kleinen Stück Butter gelb, thut dieses zu den Rüben, und kocht sie, bis sie wenig Brühe mehr haben, ein. Es kann auch mageres Schweinefleisch mitgekocht oder Schweins-Cotelette dazu gegeben werden.

Nro. 43
Gefüllte Kohlraben.

Man nimmt hiezu ganz junge, zarte Kohlraben, schneidet oben einen Deckel, an dem das Herz noch sein muß, ab, und kocht sie mit Fleischbrühe halb weich. Höhlt sie alsdann über die Hälfte aus, setzt sie in eine Kasselrolle, gibt Fleischbrühe hinzu, und kocht sie damit weich. Dann werden sie behutsam auf eine Platte herausgenommen, mit Ragoût Fin (Dose) gefüllt, die Deckel darauf gegeben, und sogleich servirt.

Nro. 44
Sauerampf (Sauerampfer) zu kochen.

Hierzu ist der rundblättrigte der geeignetste. Er wird, nachdem er verlesen ist, gewaschen, in einer Schüssel mit etwas Salz bestreut, mit kochendem Wasser übergossen, und nachdem solches ein wenig abgestanden hat, mit kaltem Wasser abgeschwänkt, ausgedrückt, und einigemal durchschnitten. Hierauf zerläßt man ein Stück Butter, läßt 1 auch 2 Messerspitzevoll Mehl damit anziehen, gibt den Sauerampf hinzu, dämpft ihn eine Zeitlang, gießt etwas Fleischbrühe daran, und kocht ihn wie alle grüne Gemüse ganz kurz ein. Man kann statt der Fleischbrühe auch sauren Rahm dazu nehmen, den Sauerampf mit etwas Muskaten würzen, und Lamm-Coteletten oder auch verlorene Eyer darauf geben.

Nro. 45
Trüffeln als Gemüse.

Die Trüffeln werden aus kaltem Wasser mit einer Bürste gereinigt, alsdann geschält. Hierauf zerläßt man ein Stück Butter in einer Kasserolle, legt die Trüffeln sammt einer Zwiebel und etwas Salz darein, und dämpft sie wohl zugedeckt langsam, gießt aber von Zeit zu Zeit etwas rothen Wein dazu, damit sie eine kleine Sauce bekommen. Wenn sie fertig sind, legt man die Trüffeln auf ein Sieb zum Ablaufen, schlägt sie alsdann in eine Serviette ein, paßirt die Sauce durch, und gibt sie dazu.

Nro. 46
Briesen-Pastetchen mit Spargeln.

Königinpastetchen werden warm gestellt. Ein auch zwei Paar gebrühte Kalbsbriesen schneidet man mit einer Handvoll gebrühten Morcheln klein, dämpft solches mit einem Löffelvoll fein gewiegten Petersilkraut in einem Stück Butter, stäubt ein wenig feines Mehl dazu, und gießt, wenn dieses angezogen hat, ein wenig Fleischbrühe nebst dem Saft einer halben Zitrone daran. Von einer Handvoll Spargeln schneidet man die Köpfe eines Fingergliedes lang ab, gibt solche, nachdem sie in Salzwasser halb weich gekocht, und auf einem Sieb abgelaufen sind, an obiges Ragout, und kocht dieses kurz damit ein. Zerklopft alsdann ein paar Eyergelb mit etwas Zitronensaft, mischt diese unter das Ragout, und füllt die Pastetchen.

Nro. 47
Lauch oder Bori.

Der Lauch wird, so lange er noch jung und grün ist, gereinigt, in Fingerglied lange Stückchen zerschnitten, und in einem Stück Butter weich gedämpft, alsdann mit ein wenig Mehl bestäubt, wenn solches angezogen hat, etwas Fleischbrühe, nebst ein paar Löffelvoll Essig dazu gegossen, mit ein wenig Muskaten gewürzt und kurz eingekocht.

Nro. 48
Eyerwürstlein mit Schinken.

Man zerklopft 4 Eyer mit etwas Salz, Schnittlauch und 3 Eßlöffelvoll süßem Rahm, läßt solches mit einem Stück zerlassener Butter auf mäßiger Hitze unter stetem Umrühren zusammen gehen, jedoch nicht hart werden, und stellt es zum Erkalten bei Seite. Hierauf rührt man eine Handvoll gewiegten Schinken, ein paar Löffelvoll Semmelmehl und 2 bis 3 ganze Eyer dazu, macht von der Masse längliche Würstlein, bestreicht sie mit Eyerklar, wendet sie in geriebenem Brod um, und backt sie schnell aus heißem Fett.

Nro. 49
Schnitten von Hirn.

Vier Loth Butter werden mit einem gut gereinigten Kalbs-Hirn und dem Gelben von 3 Eyern leicht abgerührt, hernach ein wenig fein gewiegtes Petersilkraut, Salz, Muskaten und ein paar Löffelvoll geriebenes Milchbrod darein gerührt. Von

2 Eyerklar schlägt man einen Schnee, mischt diesen unter das Gerührte, schneidet von Milchbrod dünne runde Schnitten, überstreicht sie halb fingerdick mit Genanntem, legt die bestrichene Seite in heißes Fett ein, und backt sie gelb.

Nro. 50
Gefüllte Omelette.

Von einem Kochlöffelvoll feinem Mehl, 6 Eyer, Salz, etwas Schnittlauch und Milch macht man einen dünnen Teig, backt davon ganz dünne Kuchen, jedoch nur auf einer Seite gelb, läßt aber von dem Teig ein wenig zurück. Macht alsdann von einem Stückchen Kalbsbraten, einem Stückchen Speck, einigen Schalotten und etwas Petersil, alles fein gewiegt, eine Fülle, dämpft diese mit einem Stückchen Butter, und rührt sie mit ein paar Eyergelb ab. Überstreicht die Kuchen auf der gebackenen Seite damit, rollt sie auf, und schneidet sie in 2 fingerbreite Stücke, wendet diese in dem zurückbehaltenen Teig um, und backt sie aus heißem Fett.

Nro. 51
Gebackenes Brod.

Man schneidet Milch- oder anderes mürbes Brod in zierliche Stückchen, zerklopft 3 bis 4 Eyer mit einer Tasse süßem Rahm, Salz und Schnittlauch, gießt dieses über das Brod, und backt solches, wenn es ganz durchweicht ist, aus heißem Fett. Als Aufstrich schmeckt Kräuterquark.

Nro. 52
Aal-Pastete.

Man zieht dem Aal die Haut ab, schneidet den Kopf weg und das Uebrige in runde Scheiben. Bestreut diese mit Salz und Muskaten, und durchspickt sie mit Salbei. Hierauf zerläßt man in einer Kasserole ein Stück Butter, läßt einen kleinen

Kochlöffelvoll Mehl damit gelb werden, gießt ein Glas Wein, etwas Fleischbrühe sammt dem Saft einer Zitrone hinzu, kocht zuerst die Sauce und dann einige Minuten den Aal mit durch, und legt diesen alsdann zum Erkalten heraus. Nun belegt man eine Platte von feuerfestem Porzellan mit feinem und dünn ausgewargeltem Butterteig, setzt den Aal der Ordnung nach darauf, legt auf jedes Stückchen eine Scheibe Zitrone, macht einen dünnen Deckel von Teig darüber, verziert diesen mit ausgeschnittenem Teig, und bestreicht das Ganze mit zerklopften Eyern. Man backt die Pastete schnell, kocht indessen die zurückgebliebene Sauce kurz ein, paßirt sie durch ein Haarsieb und stellt sie besonders dazu auf.

Nro. 53

Reispastete mit Parmesankäs.

Man kocht 1/2 Pf. Reis mit Fleischbrühe weich und ganz dick ein und läßt es alsdann erkalten. Indessen rührt man 1/2 Pf. Butter mit dem Gelben von 7 Eyern leicht, gibt den abgekühlten Reis, Salz und Muskaten dazu, schlägt das Weiße der Eyer zu Schnee, und rührt diesen ebenfalls darein. Mit gutem Butterteig belegt man eine blecherne Form, gibt die Hälfte des gerührten Reises ausgebreitet darein, schneidet 2 bis 3 paar gebrühte Kalbsbriese in kleine Würfel und legt solche darauf. Man streut fingerdick geriebenen Parmesankäse darüber, gibt das übrige Gerührte darauf, und backt dann die Pastete schnell. Wenn sie fertig ist, macht man den Ring von der Form ab, schiebt die Pastete auf eine Platte, schneidet oben eine kleine Öffnung hinein, gibt ein paar Löffelvoll fertiger Béchamel- oder Holländischer Sauce darein, und servirt die Uebrige extra dazu.

Nro. 54

Fleischstrudeln.

Von 3 Kochlöffelvoll Mehl, 4 bis 5 Eyern, Milch, Salz und ein wenig Schnittlauch macht man einen dünnen Teig, und backt Flädlein in der Größe eines Dessert-Tellers daraus. Hierauf wiegt man ein Stück gebratenes Kalbfleisch mit einem Stückchen Speck, etwas Petersilkraut und ein paar Schalotten ganz fein, dämpft das Innere von einem in Milch durchweichten und wieder fest ausgedrückten Milchbrod mit einem Stück Butter, vermischt dieses mit dem gewiegten Fleisch, gibt Salz und Muskaten dazu, und rührt es mit ein paar Ganzen, das Uebrige mit gelben Eyern zu einer leichten Fülle ab. Man überstreicht jedes Flädlein damit einen kleinen Fingerdick, rollt sie leicht auf, legt sie in eine mit Butter bestrichene Kasserolle, gießt etwas gute Fleischbrühe hinzu und läßt sie damit eine Viertelstunde kochen.

Nro. 55
Timbale von Makaroni (Italienische Pastete).

Ein halb Pfund Makaroni kocht man mit gesalzenem Wasser weich, und gießt sie alsdann mit kaltem Wasser auf ein Sieb. Hierauf zerrührt man 3 Ganze und 2 gelbe Eyer mit einer Tassevoll dickem saurem Rahm, Salz und Muskaten, vermischt die abgelaufenen Nudeln mit 1/2 Pf. fein gewiegtem Schinken, gießt die Eyer darüber, und macht sie gut damit durcheinander. Bestreicht alsdann eine Kasserolle dick mit kalter Butter, gibt von den angemachten Makaroni eine Lage darein, bestreut diese mit geriebenem Parmesankäs, gibt wieder eine Lage Nudeln darauf, und wiederholt dieses bis alles zu Ende ist. Oben darauf wird wieder halbe Fingerdick Käs gestreut, derselbe mit etwas Butter bedeckt, der Timbale alsdann eine halbe Stunde ins heiße Backrohr gestellt. Auf eine Platte gestürzt, wird er ganz heiß zu Tisch getragen.

Nro. 56
Flädlein mit Spinat gefüllt.

Von 4 Eyern, 4 Kochlöffelvoll Mehl, etwas Salz und Milch

macht man einen dünnen Teig, und backt gewöhnliche Flädlein daraus. Hierauf wiegt man ein paar Händevoll abgebrühten Spinat mit einer Zwiebel fein, röstet einen Kochlöffelvoll Semmelmehl mit einem Stück Butter gelb, gibt den Spinat dazu und dämpft ihn damit noch eine Weile. Stelle ihn alsdann bei Seite, gibt Salz und Muskaten hinzu und rührt ihn, nachdem er ein wenig abgekühlt hat, mit ein paar Eßlöffelvoll sauren Rahm und dem Gelben von 3 bis 4 Eyern ab. Man bestreicht damit jedes Flädlein Fingerdick, rollt sie auf, und schneidet jedes in 3 Theile, bestreicht alsdann eine Kasserolle mit Butter, setzt die Flädlein darein, gibt ein wenig Fleischbrühe dazu, kocht diese langsam daran kurz ein, und richtet sie auf eine Platte an.

Nro. 57
Rafiolen.

Von einem ganzen und 3 gelben Eyern, Salz und feinem Mehl wird ein gewöhnlicher Nudelteig gemacht, derselbe nicht ganz so fein wie zu Suppen-Nudeln ausgewallt, alsdann ein wenig getrocknet. Indessen wiegt man 2 Handvoll rein gewaschenen Spinat mit einer Handvoll Petersilkraut und Schnittlauch ganz fein, röstet eine Handvoll geriebenes Semmelmehl gelb, gibt das Gewiegte hinzu. Dämpft es noch eine Weile damit, und stellt es dann vom Feuer, rührt 3 bis 4 Eßlöffelvoll sauren Rahm, Salz, Muskaten und ein paar Eyergelb darein und überstreicht damit die abgetrockneten Fladen. Schlägt diese 3 Fingerbreit zusammen, schneidet mit einem Messer viereckige Stücke ab und kocht dann die Rafiolen in Fleischbrühe oder gesalzenem Wasser ab. Richtet sie trocken auf eine Platte an, und bestreut sie mit gerösteten Brodbröseln.

Nro. 58
Speckklöße.

Drei große Semmeln oder Milchbrode schneidet man zu

kleinen Schnitten, und gießt so viel warme Milch daran, daß sie durchaus feucht werden. Indessen schneidet man 1/2 Pf. Speck in kleine Würfel, läßt diese auf dem Feuer gelb werden, und gießt sie über das geweichte Brod. Zerklopft alsdann 6 Eyer mit etwas Schnittlauch und Salz, rührt diese an das Brod, gibt so viel Mehl, daß die Klöße zusammen halten, hinzu, rührt aber nicht viel mehr darin, und legt sie in beliebiger Größe in kochende Fleischbrühe ein.

Anmerkung: Um sicher zu gehen, ist es bei allen Klößen rathsam, einen zuvor zu probiren, ob sie nicht zu fest oder der Teig zu leicht sei, in beiden Fällen kann durch Eyer oder Milch, Mehl oder Semmelmehl geholfen werden.

Nro. 59
Klöße von Hecht.

Man nimmt hiezu 1 Pf. gesottenen oder gebratenen Hecht, zieht Haut und Gräten ab und wiegt das Fleisch mit 1/4 Pf. Mark, etwas Petersil und Schalotten fein. Dämpft alsdann ein abgeriebenes mit Milch durchweichtes und wieder fest ausgedrücktes Milchbrod mit einem großen Stück Butter, gibt das gewiegte Fleisch hinzu, rührt es mit Salz, Muskaten und 4 bis 5 Eyern ab. Legt die Klöße in kochende Fleischbrühe ein, richtet solche, wenn sie fertig sind, trocken auf eine Platte an, und gibt eine Krebs-Sauce darüber.

Nro. 60
Klöße von gebratenem Fleisch.

Man weicht das Innere von 2 Milchbroden in frisches Wasser, drückt es wieder fest aus, und dämpft es nach diesem mit Butter. Hierauf wiegt man ein Stück gebratenes Fleisch, welcher Art es sei, mit etwas Fett und ganzer Petersil fein, nimmt Fleisch und Brod in eine Schüssel und rührt es mit 5 bis 6 Eyer, Salz und etwas Muskaten ab. Stäubt eine Handvoll Mehl darauf, schafft dieses leicht darein. Macht Klöße von beliebiger Größe, kocht sie mit Fleischbrühe oder gesalzenem Wasser fertig, richtet sie trocken auf eine Platte an, und schmelzt sie mit heißer Butter und Zitronensaft auf.

Nro. 61
Eyer mit saurem Rahm

Man siedet 6 bis 8 Eyer hart und schneidet sie in runde Scheiben. Dämpft einen Löffelvoll gewiegter Zwiebel und Petersilkraut mit einem Stück Fett, zerklopft ein Quart dicken sauren Rahm, und gibt diesen hinzu. Hierauf bestreicht man eine Platte mit Fett, legt die zerschnittenen Eyer ordentlich darauf, bestreut sie mit ein wenig Pfeffer und Salz, gießt den Rahm sammt Zwiebeln darüber, stellt die Platte in einen gelinden Ofen, und läßt die Eyer darin fertig werden.

Nro. 62
Gebackene Eyer mit Gurken-Sauce

Von 2 mittelgroßen Gurken schneidet man das Kernichte heraus. Das übrige schält und schneidet man in kleine Würfel, bestreut diese mit etwas Salz und Mehl, und backt sie aus heißem Fett gelb, gibt sie alsdann in eine kleine Kasserolle, gießt ein Quart Fleischbrühe, eine zerschnittene Zwiebel und ein paar Eßlöffelvoll Essig hinzu und kocht damit die Gurken eine Viertelstunde. Indessen macht man, so viel man braucht, verlorne Eyer, legt sie zum Ablaufen auf ein Sieb; putzt das überflüssige Weiße davon, wendet die Eyer in Mehl um, legt sie nur einen Augenblick in ganz heißes Fett, richtet sie gleich mit einem Schaumlöffel auf eine warme Platte an, und paßirt die Sauce, die kurz eingekocht sein muß, durch ein Sieb darüber.

Kapitel IV

Fleisch als Hauptgericht.

Nro. 63
Rindfleisch mit Kruste von Parmesankäs.

Hiezu ist der Brustkern, nach diesem die gedeckte Rippe das Beste. Es wird gesotten, und wenn es weich ist, aus der Fleischbrühe auf ein flaches irdenes, mit einem Rand versehenes Geschirr genommen, mit zerlassener Butter oder Abschöpffett begossen. Alsdann bestreut man es 2 Fingerdick mit geriebenem Parmesankäs drückt diesen ein wenig fest, zerklopft ein halb Quart dicken sauren Rahm, breitet diesen mit einem Löffel über den Käs aus, streut ein wenig geriebenes weißes Brod darauf, legt auf dieses feine Schnittchen Butter oder Abschöpffett, stellt das Fleisch in einen frischen Bratofen, daß solches schnell Farbe bekömmt. Man garnirt es beim Anrichten mit kleinen Erdäpfeln in der Schale und grünem Petersil.

Nro. 64
Englischer Braten.

Hiezu nimmt man die gedeckte Rippen, klopft solche stark, wäscht sie aus kaltem Wasser und trocknet sie mit einem reinen Tuch ab. Hierauf reibt man das Fleisch mit Salz und Gewürz ein, bindet es gut mit dünnen Speckscheiben ein und steckt es an einen Spieß. Alsdann bestreicht man ein paar Bögen weißes Papier dick mit kalter Butter, bindet diese über das Fleisch, und bratet solches bei mäßiger Hitze langsam. In die Bratpfanne gießt man einen halben Schöpflöffelvoll Fleischbrühe, legt dazu ein Lorbeerblatt, eine in Scheiben zerschnittene Zitrone und eine Zwiebel und begießt mit diesem den Braten fleißig. Kurz vor dem Anrichten wird das Papier abgenommen, der Speck aber auf dem Fleisch gelassen. Wenn es Farbe hat, wird angerichtet. Die Sauce, die kurz eingebraten sein muß, wird durch ein Sieb paßirt und dazu gegeben.

Nro. 65
Bœuf à la Mode.

Hiezu nimmt man ein fleischiges Stück vom Rind, klopft solches, nachdem man es in ein Tuch eingeschlagen hat, stark, wäscht es rein, und trocknet es mit einem Tuch wieder ab. Hierauf macht man mit einem Messer durch das ganze Stück Fleisch Oeffnungen, steckt in eine jede derselben fingerdicke und eben so lange Stückchen Speck, die man zuvor in Salz, worunter gestoßener Pfeffer und Nelken gemischt wird, umwendet. Belegt sodann den Boden einer Kasserolle mit Speckscheibchen, legt das Fleisch darauf, gibt eine geschälte Zwiebel, eine halbe in Scheiben zerschnittene Zitrone, ein Lorbeerblatt und ein Stückchen Brodrinde, ferner ein Glas Wein, eben so viel Essig, und einen Schöpflöffelvoll Fleischbrühe dazu. Verschließt das Geschirr mit einem passenden Deckel, stellt solches auf schwache Hitze, damit es nur langsam kocht und dadurch zart wird. Nach dieser Zeit legt man das Fleisch heraus, schöpft die Fette von der zurückgebliebenen Sauce ab, treibt solche sammt einer Obertassevoll saurem Rahm durch ein Sieb, legt das Fleisch in eine reine Kasserolle, gibt die durchpassirte Sauce dazu, und erhält es bis zum Anrichten heiß.

Man kann auch statt dem Rahm einen Löffelvoll gebrenntes Mehl in die Sauce thun, wenn solche durchgetrieben ist, einen Löffelvoll Kapern darein geben, und das Fleisch noch einmal damit aufkoch lassen.

Nro. 66
Rindfleisch mit Fülle.

Aus einem saftigen Stück Rindfleisch schneidet man fingerlange und 3 Finger breite dünne Stücken, klopft solche wohl, bestreut jedes mit Salz und legt sie aufeinander. Das Uebrige vom Fleisch, sammt Abfälle, schabt man mit eben so vielem Speck rein aus, zur Fülle, und wiegt solches mit einigen

Schalotten, ein paar gereinigten Sardellen und etwas Petersilkraut ganz fein. Hierauf stößt man die Fülle mit Salz, etwas Pfeffer und Nelken, sammt ein wenig saurem Rahm in einem Mörser gut zusammen, bestreicht die zerklopften Stückchen damit, rollt sie wie eine Wurst auf, und umwindet sie mit einem Zwirnfaden. Hierauf zerläßt man in einem breiteen Tigel ein Stück Butter, dämpft darin die Würstchen zugedeckt und langsam, bis sie gelb sind, gibt ein paar Eßlöffelvoll Essig und ein wenig Fleischbrühe dazu, und kocht damit das Fleisch, bis solches weich ist. Verklopft alsdann ein Quart sauren Rahm, gibt diesen an das Fleisch, läßt es noch ein wenig damit aufkochen. Man macht beim Anrichten die Fäden von dem Fleisch ab, und paßirt die Sauce durch ein Sieb darüber.

Nro. 67
Rindfleisch-Escaloppen.

Man dreht 1/2 Pf. Rindfleisch mit einem Stück Speck durch den Fleischwolf (Mixer) und stoßt es mit etwas Pfeffer, Nelken, Salz sowie ein paar Schalotten fein. Macht dann mit einem Messer in der Rundung einer Obertasse Escaloppen oder Klöße daraus, drückt sie etwas breit und bestreut solche mit Mehl. Man dämpft sie auf beiden Seiten in einem Stückchen Fett gelb. Alsdann legt man sie heraus, rührt in das zurückgebliebene Fett einen kleinen Kochlöffelvoll Mehl, gießt wenn es gelb ist, einen kleinen Schöpflöffelvoll Fleischbrühe nebst dem Saft einer Zitrone dazu und legt, wenn die Sauce gut durchkocht hat, die Escaloppen darein. Läßt sie bloß noch heiß werden, und paßirt die Sauce beim Anrichten durch ein Sieb darüber.

Nro. 68
Ochsenzunge mit Sauerampf-Sauce.

Die Zunge wird geklopft, gewaschen und mit einer Handvoll Salz zugesetzt. Wenn sie weich ist, die Haut davon gezogen, der Gurgelkopf weggeschnitten, und die Zunge in runde dünne Scheiben geschnitten. Hierauf wiegt man eine Handvoll reinen Sauerrampf mit einigen Schalotten, dem Mark und der Schaale von einer halben Zitrone fein, dämpft solches mit einem Stück Fett und rührt einen kleinen Kochlöffelvoll Mehl daran. Wenn dieses angezogen hat, gießt man zwei kleine Schöpflöffelvoll Fleischbrühe dazu, legt, wenn die Sauce wohl durchkocht hat, die geschnittene Zunge darein, würzt sie mit Muskaten und kocht sie noch ein paarmal auf.

Nro. 69
Zunge mit Sardellen-Sauce.

Sechs Loth gereinigte Sardellen werden mit einer kleinen Handvoll Petersilkraut, einigen Schalotten und etwas Zitronenschaalen fein gewiegt, mit 4 Loth Fett gedämpft und mit einem kleinen Kochlöffelvoll Mehl bestäubt. Wenn das Mehl darein gerührt und sich zu kräuseln anfängt, gießt man 2 kleine Schöpflöffelvoll Fleischbrühe hinzu, drückt den Saft einer halben Zitrone darein, und kocht die Sauce, nachdem sie mit Muskaten gewürzt ist, gut durch. Die Zunge schneidet man, nachdem sie wie in voriger Nro. gekocht und gereinigt worden ist in runde Platten, und läßt sie ein paarmal in genannter Sauce aufkochen.

Nro. 70
Gefüllte Zunge.

Wenn die Zunge, wie vorhergehend angezeigt, gesotten und gereinigt ist, wird der Gurgelkopf weg-, die Zunge aber der Länge nach in der Mitte entzwei geschnitten und beide Theile ausgehöhlt. Das Herausgenommene wird mit halb soviel ausgeschabenem Speck, 4 bis 6 Schalotten, Zitronenschaale, ein paar Blättchen Basilicum und Estragon ganz fein gewiegt. Hierauf dämpft man eine Handvoll geriebenes Schwarzbrod mit einem Stückchen Fett, stößt solches mit obigem Gewiegten, etwas Salz, ein wenig Pfeffer und Nelken, und 2 bis 3 Eyergelb in einem Mörser gut ab. Man füllt die ausgehöhlte Zunge damit aus, drückt die Fülle ein wenig an, legt die Zunge wieder passend aufeinander, umbindet sie fest mit einem starken Zwirnfaden, und bratet solche in einer Kasse--rolle auf beiden Seiten in Butter gelb. Derweil macht man folgende Sauce dazu: Man läßt einen kleinen Kochlöffelvoll Mehl mit einem Stückchen Fett gelb werden, zerklopft eine Obertassevoll sauren Rahm mit einem kleinen Schöpflöffelvoll Fleischbrühe, paßirt diese durch ein Sieb an das Mehl, gibt einen starken Eßlöffelvoll Kapern mit ein paar Schalotten klein zerschnitten darein, kocht die Sauce damit gut durch. Man schneidet von der gebratenen Zunge die Fäden ab und richtet die Sauce darüber an.

Nro. 71
Kalbsleber zu backen.

Man wascht und häutelt die Leber rein ab, schneidet sie in Messerrücken dicke Stückchen, vermischt schwarzes geriebenes Brod mit etwas Pfeffer und Salz, wendet die Leber darin um, und backt sie in einer Omeletpfanne mit heißem Fett auf beiden Seiten braun.

Nro. 72
Gefüllte Kalbsmilze

Man durchbricht die Milz am dicken Theil, wendet sie um, und schabt behutsam das Innere heraus. Wiegt das Ausgeschabene mit einer Zwiebel und einem Stückchen Speck fein, gibt etwas Salz und Muskaten dazu, und rührt alles zusammen mit dem Gelben von 2 Eyern ab. Füllt alsdann die Milz damit ein, nähet die Oeffnung zu, und bratet sie, nachdem man sie zuvor eine Viertelstunde in Fleischbrühe abgekocht hat, auf beiden Seiten in Butter braun.

Nro. 73
Gebackenes Kalbfleisch.
Man schneidet von einem Schlegel (Keule) länglicht dünne Stückchen ab, klopft sie gut durch, vermischt alsdann etwas Mehl mit ein wenig geriebenem weißen Brod, Salz und Pfeffer, wendet das Fleisch darin um, und backt solches, damit es saftig bleibt, schnell aus heißem Fett.

Nro. 74
Lungenmus.
Die Lunge wird nur ein wenig in Salzwasser gebrüht, alsdann gereinigt und mit einer Zwiebel und etwas Zitronenschalen so fein wie Mehl gewiegt. Hierauf zerläßt man in einer Kasserolle ein Stück Fett, dämpft damit das Gewiegte, bestäubt es mit 2 bis 3 Messerspitzevoll Mehl und gießt, wenn dieses angezogen hat, ein halbes Glas Wein, etwas Fleischbrühe und den Saft einer halben Zitrone daran. Man würzt das Mus mit Muskaten und kocht solches dick ein. Beim Anrichten wird es mit geröstetem Brod oder mit gebackenen Blumen von Butterteig garnirt.

Nro. 75
Kuttelfleck in der Sauce.
Man wäscht die Kuttelfleck mehrmals im warmen Wasser mit Salz gut ab, setzt sie mit heißem Wasser und Salz an das Feuer, und kocht sie ganz weich. Wenn sie abgekühlt sind, geht man sie noch einmal durch, ob sie ganz rein sind, und schneidet sie ganz fein länglicht; Hierauf zerläßt man ein Stück Fett, dämpft damit eine fein zerschnittene Zwiebel gelb, gibt alsdann die Kuttelfleck darein, bestäubt diese mit ein wenig Mehl. Läßt solches gut anziehen, gießt etwas Fleischbrühe und ein paar Eßlöffelvoll Essig oder den Saft einer Zitrone dazu. Würzt dann die Kuttelfleck mit etwas Pfeffer und Nelken, gibt auch ein wenig fein geschnittene Zitronenschalen dazu, und kocht die Sauce daran kurz ein.

Nro. 76
Kalbshirn mit Sauce.

Das Hirn wird gut ausgewässert, von Haut und Adern gereinigt und in gesalzenem Wasser einmal übersotten, alsdann zum Ablaufen auf ein Sieb gebracht. Hierauf zerläßt man ein Eygroß Butter, läßt damit etwas fein gewiegtes Petersilkraut und einen Eßlöffelvoll Kapern anziehen, bestäubt dieses mit ein paar Messerspitzevoll Mehl, gießt einen halben Schöpflöffelvoll Fleischbrühe hinzu und läßt die Sauce wohl durchkochen. Legt alsdann das Hirn darein, würzt es mit Muskaten, und kocht fertig. Zerklopfte 3 bis 4 Eyergelb und den Saft einer halben Zitrone, rührt man, nachdem sie eine Weile gestanden sind, mit der kochenden Sauce ab, läßt sie noch ein wenig aufkochen und richtet dann das Hirn an.

Nro. 77
Artischockenkäs mit Kalbsbriesen.

Man wascht und klopft die Artischocken gut aus, kocht sie in Salzwasser halb weich, nimmt die Blätter weg, reinigt die Böden von dem darauf sitzenden Saamen und schneidet jeden in 2 Theile. Hierauf zerläßt man ein Stück Butter, dämpft damit einen Löffelvoll fein gewiegte Petersil, einige gebrühte Morgeln sammt den gereinigten Böden. Bestäubt mit ein wenig Mehl und gießt, wenn es gut angezogen hat, die nöthige Fleischbrühe und den Saft einer halben Zitrone hinzu. Schneidet 1 oder 2 Paar gebrühte und gereinigte Briesen in dünne Scheiben, gibt sie sammt Muskatenblüthe an das Ragout, und kocht die Sauce damit kurz ein.

Nro. 78
Lammfleisch mit frischen Morgeln.

Man schneidet das Fleisch in beliebige Stücke und läßt es in heißer Fleischbrühe fern vom Feuer ein wenig ziehen.

Indessen schneidet man eine oder 2 Händevoll gut gereinigte frische Morgeln entzwei, dämpft diese mit einem Stück Butter, bestäubt sie mit ein wenig Mehl und einem Löffelvoll Petersilkraut und gießt, wenn dieses angezogen hat, von der Brühe, worinnen das Fleisch liegt, so viel als nöthig hinzu. Legt alsdann das Fleisch in die Sauce, würzt mit Muskaten, und kocht es damit fertig. Die Sauce muß kurz und bis auf wenig eingekocht sein.

Nro. 79
Spanische Vögel von Kalbfleisch.

Man schneidet von einem rein gehäuteten Kalbschlegel fingerlange und zweifingerbreite dünne Stückchen ab und klopft solche, ohne sie zu zerfetzen, wohl durch. Hierauf wiegt man ein paar Sardellen mit eben so viel Schalotten, etwas Petersil, einem Eßlöffelvoll Kapern und einem Stückchen geschabenen Speck fein, dämpft das Innere von einem halben, in Fleischbrühe durchweichten und festausgedrückten Milchbrod mit einem Stückchen Fett. Gibt das Gewiegte hinzu und rührt auf schwacher Hitze mit 2 bis 3 Eyergelb, Salz und Muskaten ab. Streicht alsdann auf jedes Stückchen Fleisch von dem berührten Messerrückendick auf, legt unter jedes ein Stückchen Speck von gleicher Form und rollt es auf, sodaß der Speck mit aufgerollt wird. Man befestigt sie mit kleinen zugespitzten Hölzchen, bestreut sie mit ein wenig Salz, steckt sie an einen Vogelspieß, und bratet sie unter fleißigem Begießen mit Butter gelb. Vor dem Anrichten übergießt man sie noch einmal mit Butter, bestreut sie mit geriebenem Weißbrod, läßt dieses schnell gelb werden und gibt beim Anrichten Mandelsoße darüber.

Nro. 80
Tauben mit rothem Wein gedämpft.

Man klopft die gut gereinigten Tauben breit, spickt sie zierlich, gießt roten Wein darüber und läßt sie zugedeckt über

Nacht stehen. Alsdann bestreicht man eine Kasserolle mit Butter, legt die Tauben, die man zuvor hat ablaufen lassen, darein, bestreut sie mit etwas Salz und Muskaten, gibt ein paar Schnitten Schinken sammt einer Zwiebel darein und dämpft sie gelb. Bestäubt sie alsdann mit ein wenig Mehl, gießt, wenn dieses gelb geworden ist, den Wein, worin die Tauben gelegen sind, mit etwas Fleischbrühe hinzu, und kocht sie langsam weich. Hierauf schöpft man die Fette ab, treibt die zurückgebliebene Sauce durch ein Haarsieb, legt die Tauben wieder hinein und hält sie bis zum Anrichten heiß.

Nro. 81
Ragout von Rothwildpret.

Das hiezu bestimmte Fleisch wird in kleine Stücke zerhauen oder zerschnitten, aus frischem Wasser gewaschen, gut abgetrocknet, mit Gewürz, Salz und etwas Mehl bestreut, und mit einem Stück Butter auf beiden Seiten gedämpft. Hierauf gießt man etwas Essig und Fleischbrühe, so viel zur Sauce nöthig ist hinzu. Gibt eine Zwiebel, ein Lorbeerblatt sammt einer Scheibe Zitrone darein und kocht damit das Fleisch weich; legt es sodann heraus, schöpft die Fette davon, treibt die übrige Sauce durch ein Sieb, gibt einen Eßlöffelvoll Kappern sammt dem Fleisch wieder darein und erhält es bis zum Anrichten heiß.

Nro. 82
Hammelschlegel mit Gurken.

Man nimmt einen Hammelschlegel, der schon einen oder zwei Tage gelegen hat, klopft ihn recht stark, reibt ihn nach dem Waschen mit Salz und Pfeffer ein, und läßt ihn damit eine, auch zwei Stunden liegen, legt ihn alsdann in eine Bratpfanne, gießt Wasser hinzu, daß solches bis an die Hälfte des Schlegels heraufgeht, bedeckt ihn mit einem passenden Deckel, und bratet ihn in einem guten Ofen langsam. Hierauf schält man drei bis vier große Gurken, schneidet das Kernichte heraus, das Übrige in kleine Stücke, bestreut diese mit Mehl und backt sie aus heißem Schmalz gelb. Wenn der Schlegel auf einer Seite Farbe hat, legt man ihn heraus, schöpft die Fette davon, gibt die gebackenen nebst zwei frischen geschälten Gurken in die Sauce, legt den Schlegel wieder darein, und bratet ihn fertig. Beim anrichten passiert man die Sauce durch ein Sieb, und stellt sie besonders zu dem Schlegel auf. Wer die Sauce rezent liebt, kann auch während dem Braten ein paar Löffelvoll Essig dazu thun.

Nro. 83
Schlegel von Hasen mit Trüffeln zu braten.

Hasenschlegel wäscht, häutet und spickt man, bestreut sie mit Salz und Gewürz und läßt sie damit 1 Stunde liegen. Hierauf belegt man eine Kasserolle mit Speck und ein wenig Schinken, gibt die Schlegel darauf, begießt sie mit zerlassener Butter und bratet sie zugedeckt auf beiden Seiten gelb. Legt sie alsdann heraus, stäubt in die zurückgebliebene Butter ein paar Messerspitzevoll Mehl, läßt dieses damit gut anziehen, gießt ein wenig Fleischbrühe hinzu, und kocht es eine Zeitlang, schöpft sodann die Fette ab. Paßirt die Sauce durch ein Sieb, gibt sie mit geschältem Trüffeln in eine Kasserolle, gießt etwas rothen Wein hinzu und kocht diese damit weich. Legt kurz vor dem Anrichten die Schlegel, damit die wieder ganz heiß werden, hinein und gibt sie mit den Trüffeln garnirt zu Tische.

Nro. 84
Ragout von Hasen mit Trüffeln.

Der Hase wird gereinigt, gehäutet, gespickt und gesalzen, mit einem Stück Butter gelb gedämpft. Indessen wiegt man ein paar Schalotten mit 3 bis 4 geschälten Trüffeln und etwas geschabenem Speck fein, dämpft dieses mit einem Stückchen Butter, läßt einen kleinen Kochlöffelvoll Mehl damit anziehen, füllt alsdann mit einem Glas rothen Wein und einem Schöpflöffelvoll Fleischbrühe auf, schöpft von dem Hasen die Fette ab und gibt die Sauce, nachdem diese zuvor gut verkocht hat, daran. Man kocht sie bis zum Anrichten kurz ein, und gibt selbige, ohne sie vorher zu paßiren, über das Fleisch.

Nro. 85
Schlegel von einem Wildschwein zu braten.

Dieser wird stark geklopft, die Haut davon abgezogen und der Schlegel rein gewaschen. Alsdann vermischt man einige zerdrückte Wachholderbeeren mit Salz, Pfeffer und Nelken, reibt ihn damit stark ein, legt ihn auf einem Rost in eine Bratpfanne und läßt ihn ein paar Stunden so liegen. Nun gießt man ein Glas Wein, eben so viel Essig und einen Schöpflöffelvoll Fleischbrühe oder Wasser hinzu, gibt eine Zwiebel, ein paar Scheiben Zitronen und ein paar Lorbeerblätter darein, und bratet damit den Schlegel zugedeckt im Ofen langsam. Wenn er auf einer Seite gelb und umgewendet ist, röstet man eine Handvoll geriebenes Roggenbrod mit einem Eßlöffelvoll Zucker in einem Stück Butter ganz braun, thut dieses an die Sauce, läßt solche mit dem Schlegel kurz einbraten, und passirt die durch ein Sieb beim Anrichten darunter.

Nro. 86
Enten mit Häring zu braten.

Man schneidet der gereinigten Ente Hals, Flügel und Füße ab, reibt sie mit Salz und ein wenig Pfeffer von innnen und außen ein, und läßt sie eine Stunde damit liegen. Indessen schneidet man einen ausgekräteten und gut gereinigten Häring in kleine Stücke, dämpft eine fein zerschnittene Zwiebel mit einem Stückchen Butter, vermischt diese mit dem Häring, füllt damit die Ente aus, näht die Oeffnung zu, und bratet sie in einer Kasserolle oder an einem Spieß saftig. Wenn sie am Spieß gebraten wird, gibt man in den Untersatz ein Stück Butter mit ein paar Eßlöffelvoll Wasser, beträuft damit die Ente, gießt aber nichts hinzu, bis dieses ganz eingebraten ist, und sich in der Bratpfanne ein brauner Satz angesetzt hat. Auf dieses gießt man erst wieder etwas Wasser oder Fleischbrühe, wodurch die Sauce Farbe bekommt, legt ein Stückchen Butter dazu, und begießt damit die Ente, bis sie fertig ist. Beim Anrichten kann die auce entweder darüber oder besonders dazu gegeben werden.

Nro. 87
Gefüllte Gans.

Man schneidet der Gans Hals, Füße und Flügel weg, wascht sie rein, reibt sie mit Salz und etwas Pfeffer von innen und aussen ein, und läßt sie damit eine Stunde liegen. Indessen schneidet man den Magen, von dem man das Harte wegnimmt, die Leber, ein Stückchen Speck, und etwas Petersilkraut klein, schält 1/2 Pf. abgesottene Kastanien, und schneidet diese, so wie auch ein paar Erdäpfel in Stücke. Mengt alles mit Salz, Muskaten und 3 bis 4 Eyern unter einander, füllt dieses in die Gans, näht die Oeffnung zu, und bratet sie an einem Spieß oder im Ofen langsam. Man kann auch statt dieser Fülle die Gans mit geschälten Erdäpfeln odeer Kastanien ausfüllen. Beim Anrichten wird die Fette rein davon geschöpft, und die Sauce durch ein Sieb passirt, besonders dazu gegeben.

Kapitel V

Fische auf verschiedene Art zuzubereiten.

Nro. 88
Aal en Matelote.

Man schneidet einen etwas großen, abgezogenen und gereinigten Aal in zweifingerbreite Scheiben, bestreut diese mit Salz, und läßt sie eine Stunde stehen. Hierauf zerläßt man ein Stück Krebsbutter, läßt damit einen Kochlöffelvoll Mehl gelb werden, gießt ein Glas Wein, einen kleinen Schöpflöffelvoll Fleischbrühe mit dem Saft einer Zitrone hinzu, und kocht dieses ein paarmal durch. Streicht alsdann mit der flachen Hand, die man in frisches Wasser taucht, von dem Aal das noch daranhängende Salz ab, legt diesen sammt einer Handvoll gebrühten Morcheln, eben so viele Champignon und ausgelöste Krebsschweife in die Sauce, gibt eine Messerspitze Muskatenblüthe hinzu und kocht den Aal langsam damit fertig.

Nro. 89
Hecht mit Zitronen-Sauce.

Der geschuppte und gewaschene Hecht wird mit Salz eingerieben, in die Runde gekrümmt, der Schweif in das Maul gesteckt und befestigt, alsdann mit halb Essig, halb Wasser, einer Zwiebel, ein Lorbeerblatt, einigen Pfefferkörnern und einer Handvoll Petersilkraut abgekocht, und wenn er fertig ist, mit einem Blatt weißen Papier bedeckt, und warm erhalten. (Man kann auch Hechtstücke verwenden.)
Zur Sauce schneidet man die Schale einer halben Zitrone ganz fein, nimmt aus einer ganzen Zitrone das Mark, macht die Haut und Körner weg, und wiegt es mit einigen Schalotten klein. Zerläßt sodann ein Stück Butter, läßt ein wenig Mehl damit anziehen, dämpft damit das Gewiegte und die geschnittene Zitronenschale ein wenig, gießt soviel gute Fleischbrühe, als zur Sauce erforderlich ist, mit ein paar Eßlöffelvoll von dem Fischsud hinzu, würzt sie mit Muskaten, und kocht sie eine Viertelstunde. Richtet den Fisch auf eine gewärmte

Platte an, garnirt mit Zitronen und grünem Petersil, und gibt die Sauce besonders dazu. Man kann auch Mandelsauce reichen.

N^{ro.} 90
Karpfen in weißer Sauce.

Der gereinigte Karpfen wird, ohne ihn zu spalten, in zwei- bis dreifingerdicke Stücke gemacht, und eine Stunde vor dem Kochen mit Salz bestreut. Zur Sauce nimmt man in eine etwas breite Kasserolle ein großes Stück Butter, ein paar geschälte Zwiebeln und einen Kochlöffelvoll feines Mehl, rührt dieses zusammen auf dem Herd, bis die Butter geschmolzen, sich mit dem Mehl vermischt hat und steigen will. Gießt alsdann ein Glas guten Wein und 2 Schöpflöffelvoll Fleischbrühe hinzu, legt etwas ganze Muskatenblüthe darein, und verkocht die Sauce eine Viertelstunde, hierauf streift man den Fisch mit frischem Wasser aus dem Salz, kocht ihn eine Viertelstunde in der Sauce, und gibt diese, durch ein Sieb paßirt, darüber.

N^{ro.} 91
Karpfen in Matelote.

Man nimmt zu dem Karpfen hin noch 2 bis 3 beliebige Sortenstücke Fisch (auch Kleinfische), wäscht und reinigt sie gut, schneidet sie in Stücke, bestreut sie mit Salz, gießt eine halbe Maaß rothen Wein darüber, und läßt sie damit wenigstens eine Stunde stehen. Hierauf röstet man 2 Kochlöffelvoll Mehl mit 1/4 Pf. Butter braun, füllt dieses mit einem Schöpflöffelvoll Fleischbrühe auf und gibt eine in Scheiben geschnittene Zitrone, eine Zwiebel, etwas Estragon und Basilikum darein. Verkocht dieses gut und gießt die Sauce alsdann durch ein Haarsieb, stellt sie in einem Tigel sammt Wein darein und gibt eine Handvoll gebrühter Morgeln, eben so viele Champignons und Krebsschweife hinzu. Kocht dieses, ohne das Geschirr zu bedecken, schnell und richtet auf heißer Platte an.

Nro. 92
Stockfisch zu kochen.

Man setzt gewässerten Stockfisch (Kabeljau) mit kaltem Wasser an, läßt ihn langsam ziehen, bis das Wasser einen weißen Schaum bekommt und bald sieden will, gießt ihn alsdann in einen Seyer ab, reinigt ihn von Haut und Gräten, und verzupft ihn klein. Hierauf zerläßt man zu 1 Pf. Stockfisch 1/4 Pf. Butter, – diese darf, wenn der Stockfisch gut sein soll, nicht geschont werden, – röstet damit eine Handvoll klein geschnittener Zwiebeln und ein wenig Semmelmehl gelb. Bestreut dann den Stockfisch mit etwas Pfeffer, Ingwer und Salz, gibt die Butter mit den Zwiebeln darüber, macht ihn schnell mit ein paar Gabeln untereinander und trägt ihn gleich zu Tisch.

Nro. 93
Kapuziner-Stockfisch.

Man siedet und verließt diesen, wie früher angezeigt, wiegt alsdann eine etwas große Zwiebel fein, dämpft solche mit einem Stück Butter weich, rührt einen kleinen Kochlöffelvoll Mehl darein, und gießt, wenn solches zu steigen verlangt, so viel süßen Rahm hinzu, daß die Sauce etwas dick bleibt. Würzt sie mit etwas Ingwer und Muskatenblüthe, und verkocht sie wohl, gibt sodann den Stockfisch darein, kocht ihn noch ein wenig damit, gibt fehlendes Salz darein und richtet ihn gleich an.

Nro. 94
Stockfisch zu Sauerkraut.

Man drückt den gewässerten Stockfisch gut aus, schneidet ihn in kleine Stücke, bindet diese mit einem Faden zusammen, und trocknet ihn mit einem Tuch wohl ab. Zerklopft alsdann Eyer zum Panieren mit etwas Salz, Schnittlauch und ein wenig süßen Rahm, zieht den Stockfisch einigemal durch, bestreut ihn mit Semmelmehl, und backt ihn in heißem Fett langsam und gelb aus.

Nro. 95
Gratin von Salm.

Man schneidet von einem Stück Salm zweifingerbreite und fingerlange dünne Stückchen aus. Eben so schneidet man 1 oder 2 Brüste von jungen Hühnern, wovon man zuvor die Haut abgezogen hat, klopft das Hühnerfleisch gut durch, und legt es sammt dem Fisch auf ein Platte. Wiegt ein paar Schalotten mit etwas Basilikum und Petersil ganz fein, und gibt dieses mit etwas Salz und Sonnen-Blumenöl darüber. Fisch- und Fleischreste wiegt man mit einem Stück Mark, etwas Zitronenschalen und ein paar Schalotten zu einer feinen Fülle, stößt diese in einem Mörser mit Eyergelb und Zitronensaft, auch einem Eygroß durchweichte weiße Brosamen, Salz und Muskatenblüthe gut ab und mischt ein wenig geschlagenen Schnee darunter. Bestreicht alsdann eine Platte von feuerfestem Porzellan mit kalter Butter, theilt die Masse darauf gleich aus. Marinierten Fisch und Hühnerfleisch, sammt den Kräutern und Oel setzt man bunt in die Masse und drückt in der Mitte ein Loch. Bedeckt das Ganze zuerst mit dünn geschnittenen Scheiben Speck, alsdann mit ein paar Bögen von Butter bestrichenem Papier, setzt die Platte mit in einen gemäßigten Ofen, und macht den Gratin fertig. Dann nimmt man Papier und Speck weg, gibt in die leer gelassene Oeffnung heiße Holländische Sauce (fertig) und servirt gleich.

Nro. 96
Häringe mit Sauce.

Man reinigt die Häringe, nimmt sie aus, setzt sie mit halb Milch und halb Wasser an und läßt sie dabei eine Stunde blos ziehen, nicht kochen. Hierauf schneidet man eine Zwiebel fein, dämpft diese mit einem Stück Butter, läßt einen Kochlöffelvoll Semmelmehl gelb damit werden, füllt dieses mit einem Schöpflöffelvoll Fleischbrühe auf, drückt den Saft einer halben Zitrone darein und würzt die Sauce mit ein wenig Pfeffer. Verkocht sie dann gut, gibt die Häringe, die man zuvor ablaufen läßt, darein und kocht sie noch einigemal damit auf.

Nro. 97
Krebse mit saurem Rahm.

Man bestreicht eine Platte von feuerfestem Porzellan mit kalter Krebsbutter, belegt diese dicht mit großen ausgelösten Krebsschweifen und -Scheeren, dämpft einen Eßlöffelvoll fein gewiegte Schalotten und etwas Petersilkraut mit einem Stückchen Butter. Gibt dies dann über die Krebse, und bestreut sie mit geriebenem Milchbrod. Zerklopft alsdann guten sauren Rahm, gibt diesen darüber, stellt die Platte in einen Ofen, läßt die Krebse schnell Farbe nehmen und gibt sie gleich zu Tisch.

Nro. 98
Ragout von Krebsen.

Große Krebse werden mit einem Glas Wein, eben so viel Essig, Wasser, Salz einer Zwiebel und etwas Petersilkraut abgekocht, alsdann abgegossen, und Schweif und Scheeren ausgemacht. Hierauf röstet man mit einem Stückchen Butter einen kleinen Kochlöffelvoll Mehl gelb, gibt etwas gewiegte Schalotten mit ein paar Löffelvoll ganz kleiner und zuvor mit ein wenig Butter gedämpfter Champignons hinzu und füllt dieses mit einem Glas Wein und etwas Fleischbrühe auf. Würzt die Sauce mit Muskaten, und läßt sie kurz einkochen, gibt dann die Krebsschweife und Scheeren darein, läßt diese aber nur noch heiß werden, und richtet sofort an.

Nro. 99
Gespickte Krebse.

Man kocht große Krebse mit gesalzenem Wasser ab, löst die obere Schale so wie die vom Schweif weg. Der Krebs aber muß ganz bleiben. Hierauf schneidet man von einem Stück kalten (Kalbs-)Braten dünne Scheibchen ab, klopft sie ein wenig und spickt sie auf einer Seite mit fein geschnittenem Speck zierlich. Schläft alsdann um jeden Krebs ein solches Scheibchen Fleisch, daß die gespickte Seite nach außen sieht und befestigt unten am Krebs das Fleisch mit kleinen Hölzchen. Belegt eine Kasserolle mit Speckscheiben, Oliven, einigen Scheiben Zitrone und einer Zwiebel, setzt die Krebse darein, gibt ein Glas Wein mit so viel guter fetter Fleischbrühe hinzu, daß es über die Krebse geht, bedeckt sie mit einem Bogen Papier und dann mit einem passenden Deckel und kocht die Krebse langsam bei schwacher Hitze fertig. Indessen wiegt man 2 gebrühte Kalbsbriese, eine Handvoll gebrühte Morcheln und etwas Petersil gröblich, dämpft dieses mit einem Stückchen Butter, bestäubt mit ein wenig Mehl und gießt, wenn dieses angezogen hat, ein wenig Bouillon und die Brühe, worin die Krebse gekocht haben, hinzu. Würzt die Sauce mit Muskaten, kocht sie ein wenig durch, richtet die Krebse auf eine Platte an, und gibt, wenn sie abgelaufen sind, die Sauce darüber.

Nro. 100
Puding von Krebsen.

Von 3 Milchbrod reibt man die Rinde ab, schneidet das Innere in Schnitten, gießt ein Quart süßen Rahm darüber, und setzt sie auf schwache Hitze, bis alle Flüssigkeit verzehrt und das Brod ganz durchweicht ist, und stellt es sodann zum Erkalten bei Seite. Hierauf wiegt man Schweife und Scheren von 30 bis 40 kleinen Krebsen mit etwas zarter Petersil, gibt diese zu dem abgekühlten Brod in eine Schüssel, gießt 12

Loth zerlassene Butter darüber, und rührt solches mit dem gelben von 7 bis 8 Eyern, Salz und Muskaten gut ab. Man schlägt das Weiße von 4 Eyern zu Schnee, mischt diesen unter die Masse, bindet sie in eine mit Butter bestrichene Serviette nicht zu fest ein, hängt den Puding in ein hohes Geschirr mit kochendem Wasser, welches bei allen gesalzenen Pudings nach Verhältnis auch gesalzen werden muß. Kocht ihn eine Stunde und gibt eine Krebs-Sauce mit Morcheln beim Anrichten darüber.

Nro. 101

Forellen am Rost zu braten.

Diese werden ausgenommen, gereinigt, in die Haut kleine Schnittchen gemacht, und mit Salz bestreut. Alsdann bestreicht man einen, und wenn man mehrere Fische hat, auch 2 Bogen Papier mit Butter, krämpt ringsherum einen fingerbreiten Rand in die Höhe, belegt damit einen Rost, bestreut die Forellen ein wenig mit Pfeffer, und legt sie in die Papierform. Man gibt gemäßigt Kohlen unter den Rost, und bratet die Fische auf beiden Seiten gelb. Indessen schneidet man frische zarte Salbeiblätter fein, röstet diese mit einem Stück Butter gelb, richtet die gebratenen Forellen auf eine gewärmte Platte an, beträuft sie mit etwas Zitronensaft, und gibt zerlassene Butter mit dem Salbei darüber.

Für Ihre Notizen:

Kapitel VI

Saucen zum Kombinieren und Probieren.

Nro. 102
Oliven-Sauce.

Die Oliven werden geschält und mit weißem Wein halbweich gekocht. Alsdann zerläßt man ein Stück Butter, läßt einen Kochlöffelvoll Mehl gelb damit werden. Gießt etwas Fleischbrühe hinzu und verkocht damit das Mehl gut, treibt solches durch ein Haarsieb an die Oliven, gibt etwas Zitronensaft daran und kocht die Sauce so lange, bis die Oliven weich sind. Man gibt sie zu Enten, Feldhühnern etc. (Wer tischfertige Oliven aus dem Glas verwendet, braucht sie nur in Weißwein kurz zu erhitzen).

Nro. 103
Orangen-Sauce.

Man reibt die Schale von 2 Orangen und einer Zitrone an einem Stückchen Zucker ab, gibt dieses sammt dem Saft, einem Glas Wein, ebensoviel Fleischbrühe und der abgeschnittenen Rinde von einem Milchbrod in einen kleinen Tigel. Kocht solches ganz langsam, bis die Rinde wohl verkocht ist, treibt es alsdann durch ein Haarsieb, und erhält die Sauce bis zu weiterem Gebrauch heiß. Speziell zu Fisch gut.

Nro. 104
Sauce à l'Espagnole.

Man schneidet ein Stück Schinken, 2 gelbe Rüben, ein paar Sardellen, einige Schalotten und etwas Thimian klein, gibt dieses mit ein paar Nelken, etwas weißem Pfeffer und ganzer Muskatenblüthe in eine kleine Kasserolle und gießt ein paar Eßlöffelvoll gutes Öl nebst einer halben Maaß weißem Elsaßerwein hinzu. Man läßt solches zugedeckt langsam und gut verkochen. Zerläßt indessen ein Stück Butter, läßt einen Kochlöffelvoll Mehl damit braun werden, füllt es mit einem kleinen Schöpflöffelvoll Fleischbrühe auf, kocht gut durch,

und vermischt es mit dem Obgenannten. Kocht dieses noch eine Zeitlang und treibt es dann durch ein Sieb, gibt an die Sauce den Saft einer Zitrone und erhält sie bis zum Servieren ohne Kochen heiß.
Diese Sauce kann zu gebratenem Fleisch und Geflügel verwendet werden.

N^{ro.} 105
Sauce à la Polonaise.

Man läßt mit einem Stückchen Butter einen kleinen Kochlöffelvoll Mehl braun werden, füllt mit einem Glas Wein und etwas Fleischbrühe auf, schneidet eine Handvoll abgezogener Mandeln länglicht ganz fein, ebenso eine Handvoll Rosinen, von denen man die Körner herausgenommen hat. Sammt einem Stückchen Zitronat und einem ganz kleinen Stückchen mageren Schinken, gibt man alles mit einer kleinen Messerspitzevoll weißem Pfeffer in die Brühe, verkocht diese wohl, und gibt sie zu Zunge, Geflügel oder Wildpret.

N^{ro.} 106
Gesalzene Krebs-Sauce.

Man siedet eben so viele Krebse, wie vorher genannt, mit Salzwasser, löst die Schweife aus, und stößt die Schalen im Mörser klein. Hierauf zerläßt man 1/4 Pf. Butter, dämpft damit die Schalen bis die Butter roth ist, füllt sie mit Fleischbrühe auf, hebt die in die Höhe kommende Butter mit einem Löffel in eine Kasserolle ab und rührt einen Kochlöffelvoll Mehl darein. Dann gießt man, wenn dieses mit der Butter zu steigen anfängt, die Krebsbrühe durch ein Sieb hinzu, anschließend die Krebsschweife sammt einer Handvoll gebrühter Morcheln darein. Man würzt die Sauce mit Muskatenblüthe, kocht sie noch ein wenig durch, zieht sie mit 3 Eyergelb ab, und verwendet sie zu Krebs- und Fleisch-Pudings u. dgl.

Nro. 107
Krebs-Sauce/süß.

Dreißig kleine Krebse siedet man ohne Salz, löst die Schweife aus und stößt die Schalen mit einer Handvoll abgezogenen Mandeln und 4 Loth frischer Butter in einem Mörser klein. Verkocht sie alsdann mit einer halben Maaß Milch und preßt sie durch eine Serviette. Hierauf zerklopft man 6 Eyergelb mit 2 Löffelvoll Zucker, rührt nach und nach die Milch daran, läßt sie unter stetem Umrühren heiß und dick werden, und gibt alsdann die Schweife wieder dazu.

Nro. 108
Gurken-Sauce.

Fünf bis sechs kleine Gurken, die noch wenig Kern haben, schält und schneidet man in kleine viereckige Stückchen. Dämpft die mit einem Stück Butter weich, bestäubt sie mit ein wenig Mehl, und gießt, wenn dieses sich gefärbt hat, einen kleinen Schlöpflöffelvoll Bouillon mit je ein paar Eßlöffelvoll Essig und Bratenbrühe hinzu. Würzt die Sauce mit ein wenig Pfeffer, und verkocht sie wohl. Zu Fleisch und Würstchen.

Nro. 109
Kalte Sardellen- Sauce.

Vier Loth gut gereinigte Sardellen wiegt man mit einigen Schalotten und etwas Petersil ganz fein, rührt dann dieses samt dem Gelben von 4 hartgesottenen Eyern zuerst mit 4 Eßlöffelvoll Sonnenblumenöl, Salz und etwas Pfeffer, dann mit Wein-Essig zu einer dicken Sauce ab.

Nro. 110
Meerrettig mit Milch.

Man reibt gereinigten und guten Meerrettig, vermischt ihn

nach Belieben mit ganz fein zerstoßenen Mandeln und etwas Zucker, rührt mit warmer Milch oder Rahm glatt, gibt ein Stückchen frische Butter hinzu, und kocht ihn nur ganz wenig.

N^{ro}. 111
Sauce von Hägen oder Hagenbutten.

Hat man Hägenmark eingekocht, verdünnt man ein paar Löffelvoll davon mit einem Glas Wein und etwas Wasser, gibt den noch fehlenden Zucker und etwas Zimmt darein und kocht die Sauce damit auf. Hat man dieses nicht, so wäscht man 2 bis 3 Händevoll dürre Hägen in warmem Wasser, kocht diese mit halb Wein und halb Wasser langsam weich und treibt sie alsdann durch ein Sieb. Hierauf zerläßt man ein kleines Stückchen Butter, läßt damit ein paar Messerspitzevoll Mehl gelb werden, gibt das durchgetriebene Mark hinzu, verdünnt solches mit Wein zu einer Sauce, gibt etwas Zimmt, ein wenig geschnittene Zitronenschalen und Zucker, bis die Sauce süß genug ist, darein, und kocht sie einigemal damit auf. Zu Wild und salzigen Pasteten.

N^{ro}. 112
Sauce von dürren Kirschen.

Die Kirschen werden in einem Mörser groß zerstoßen, mit halb Wasser und halb Wein weich gekocht, alsdann durch ein Haarsieb getrieben. Will man die Sauce gut haben, so rührt man ein paar Eßlöffelvoll Hägenmark mit dem durchgetriebenen ab, verdünnt solches mit Wein, gibt Zucker, etwas Zimmt und ein paar zerstoßene Nelken darein, und kocht die Sauce damit auf. Will man sie einfacher machen, läßt man das Hägenmark weg, röstet einen Kochlöffelvoll Mehl mit einem Stückchen Butter gelb, gibt dies an die durchgetriebene Sauce, verdünnt mit Wein, gibt das übrige dazu, und kocht sie noch eine Viertelstunde.

Nro. 113
Bischoff-Sauce.

Man röstet einen kleinen Kochlöffelvoll Mehl mit einem Stückchen Butter gelb, füllt mit einem Quart rothen Wein auf und verkocht dies gut. Indessen bratet man 3 Pomeranzen, die man zuvor eingekerbt hat, auf dem Grill, schneidet danach die Schale ganz fein davon ab und gibt diese sammt dem Saft derselben, auch den Saft einer Zitrone in die Sauce. Mit Zucker süß abgeschmeckt kocht man sie eine halbe Stunde, und paßirt sie beim Gebrauch durch ein Haarsieb. Diese Sauce kann zu allem gebratenen Geflügel und Kalbfleisch gegeben werden.

Nro. 114
Zitronen-Sauce.

Man läßt mit einem Stückchen Butter einen kleinen Kochlöffelvoll Mehl gelb werden, gießt ein Quart Wein und halb so viel Wasser dazu, und verkocht dieses gut, indessen reibt man das Gelbe einer Zitrone auf einem Stück Zucker ab, gibt diesen nebst dem Saft an die Sauce, verklopft das Gelbe von 4 Eyern mit ein paar Löffelvoll Wein, rührt solche mit der kochenden Sauce ab, läßt sie auf Kohlen unter beständigem Rühren anziehen und paßirt sie beim Gebrauch durch ein Sieb.

Nro. 115
Mandel-Sauce.

Vier Loth süße und 1 Loth bittere abgezogene Mandeln stößt man mit ein wenig Milch ganz fein, rührt damit das Gelbe von 6 Eyern ab, gießt eine halbe Maaß süßen Rahm hinzu und gibt ein Stückchen Zucker darein. Man läßt die Sauce unter beständigem Umrühren heiß und dick werden, aber ja nicht kochen. Man gibt sie zu Mehlspeisen.

Nro. 116
Rosinen-Sauce.

Man röstet einen kleinen Kochlöffelvoll Mehl mit einem Stückchen Butter gelb, füllt dieses mit einem Quart Wein und einer Obertassevoll Wasser auf. Gibt ein Viertelpfund gut gereinigte und gewaschene Rosinen, die fein geschnittene Schale einer halben Zitrone, 2 Loth abgezogene und fein zerschnittene Mandeln, Zucker und Zimmt hinzu, kocht die Sauce eine halbe Stunde, und gibt sie über Kaiser-Kuchen und dergleichen.

Kapitel VII
Pudings und Mehlspeisen
süß und salzig.

Nro. 117
Puding von Reis.

Man kocht 1/2 Pfund wohlgereinigten und gewaschenen Reis weich. Indessen rührt man 1/4 Pf. Butter mit dem Gelben von 5 Eyern leicht, gibt den abgekühlten Reis mit ein paar gebrühten und mit Petersil gewiegten Kalbs-Briesen, Salz und Muskatenblüthe hinzu, schlägt das Weiße der Eyer zu Schnee, mischt diesen unter die Masse und füllt sie in eine Serviette im Wasserbad. Man kocht den Puding Dreiviertelstunden, und gibt Petersil oder Krebs-Sauce darüber.

Nro. 118
Süßer Puding von Reis.

Man läßt ein 1/4 Pf. Reis mit Milch aufquellen. Indessen rührt man 1/4 Pf. Butter mit dem Gelben von 5 Eyern, 4 Loth fein zerstoßenen Mandeln und 2 Eßlöffelvoll Zucker leicht, reibt Zitronenschale an einem Stückchen Zucker ab, schabt dieses mit einem Messer an den Reis, und gibt solchen, wenn er erkaltet ist, in die gerührte Butter. Man schlägt das Weiße von 4 Eyer zu Schnee, rührt diesen leicht unter die Masse, legt in die bestrichene Form oder Serviette eine Verzierung von Zitronat, Pistazien oder Rosinen, gibt die Masse hinzu, stellt solche, wenn sie in einer Form ist, in kochendes Wasser, und kocht den Puding in einem Bratofen 1/2 Stunde. Wird er aber in eine Serviette gebunden, so hängt man ihn in einen hohen Topf mit kochendem Wasser, und kocht ihn Dreiviertelstunden. Es wird Mandel-Sauce darüber gegeben.

Nro. 119
Puding von Mark.

Man schneidet das Innere von 2 Milchbrode zu Schnitten, gießt ein Quart süßen Rahm daran und kocht das Brod zu einer dicken Crème. Indessen reinigt und schneidet man 3

Loth Ochsenmark klein, mischt es mit einer Handvoll rein gewaschenen Weinbeeren, etwas fein geschnitenem Zitronat, und der abgeriebenen Schale einer halben Zitrone in die erkaltete Crème. Rührt mit 2 Ganzen und dem Gelben von 5 Eyern gut ab, füllt die Masse in eine mit Butter bestrichene Form, verschließt solche wohl und setzt den Puding eine halbe Stunde in kochendes Wasser in einen Bratofen. Stürzt ihn, wenn er fertig ist, behutsam auf eine Platte, und gibt eine beliebige süße Sauce dazu.

N^{ro.} 120
Puding von Erdäpfel auf andere Art.

1/4 Pf. gebratenem Kalbfleisch, halb so viel geschabenem Speck, ein paar Schalotten und etwas Petersil wiegt man fein, stößt dieses mit einem Stück Butter, und 1/4 Pf. gesottenen und kalt geriebenen Erdäpfeln, Salz und Muskaten in einem Mörser gut ab. Rührt solches alsdann in einer Schüssel mit dem Gelben von 5 Eyern leicht, schlägt das Weiße der Eyer zu Schnee, mischt diesen in die Masse und gibt sie in eine mit Butter bestrichene Form. Im siedenden Wasser kocht der Puding Dreiviertelstunden. Man gibt Petersil oder Butter-Sauce darüber.

N^{ro.} 121
Puding von Erdäpfel mit Parmesankäs.

Ein Viertelpfund Butter wird mit eben so viel gewiegtem Schinken, 3 Ganzen und 4 gelben Eyern leicht abgerührt, 1/4 Pf. kalt und fein geriebene Erdäpfel mit etwas Salz und Muskatenblüthe darunter gemischt. Alsdann bestreicht man eine Serviette mit kalter Butter, bindet die Masse locker hinein, hängt den Puding in gesalzenes kochendes Wasser und kocht ihn eine Stunde. Richtet solchen sodann auf eine Platte an, macht oben mehrere Schnitte hinein, begießt ihn mit heißer Butter, und streut geriebenen Parmesankäs darauf.

Nro. 122
Englischer Puding.

Man weicht das Innere von 2 Milchbroden in lauwarme Milch ein. Rührt indessen 1/4 Pf. Butter mit ein paar Eßlöffelvoll Zucker ebensoviel fein zerstoßenen Mandeln und dem Gelben von 6 Eyern leicht ab. Preßt das eingeweichte Brod mit einer Serviette fest aus und rührt es in die Butter, schlägt das Weiß von 5 Eyern zu Schnee, und mischt solchen in die Masse. Bestreicht dann eine Form oder Serviette mit kalter Butter, legt von Rosinen oder Zitronat eine Verzierung darauf, gibt die Masse hinzu, und kocht den Puding Dreiviertelstunden. Es kann eine Hägen- oder Zitronen-Sauce beim Anrichten darüber gegeben werden.

Nro. 123
Puding von Roggenbrod u. Arrac.

Zwölf Loth fein geriebenes Roggenbrod rührt man mit 8 Loth gestoßenem Zucker und dem Gelben von 8 Eyern ganz leicht, schlägt das Weiße der Eyer zu steifem Schnee, mischt diesen mit einer Messerspitzevoll Zimmt, halb so viel Nelken und 4 Löffelvoll Arrac unter die gerührte Masse. Sie gibt man in eine mit Butter bestrichene Form, und backt den Puding in einem guten Ofen. Indessen kocht man 1/2 Maaß rothen Wein mit Zucker, etwas ganzem Zimmt, und ein paar Nelken, nimmt dieses, wenn der Puding aus dem Ofen kommt, mit einem Schaumlöffel aus dem Wein, legt dagegen den Puding einen Augenblick hinein, und servirt ihn dann gleich zu Tisch. Es kann auch Bischoff-Sauce darüber gegeben werden.

Nro. 124
Auflauf mit Aepfel.

Sechs kleine Kochlöffelvoll feines Mehl und 2 Eßlöffelvoll gestoßenem Zucker rührt man zuerst mit ein wenig Rahm oder Milch, dann mit dem Gelben von 8 Eyern glatt, und verdünnt dieses mit einer Tasse Rahm. Hierauf bestreicht man eine Blechform mit kalter Butter, belegt den Boden derselben mit trocken gedämpften Boskop-Aepfeln, schlägt das Weiße von den Eyern zu Schnee, mischt ihn mit einer Messerspitzevoll Zimmt in die Masse. Man gibt diese in die Form, stellt sie in einen gemäßigten Ofen, und läßt sie langsam aufziehen.

Nro. 124
Auflauf von Chocolade.

Man rührt 1/4 Pf. fein gestoßenen Zucker mit 2 Eßlöffelvoll fein zerstoßenen Mandeln und dem Gelben von 6 Eyern leicht, gibt ein Eygroß zerlassene Butter mit 6 Loth geriebener Chocolade hinzu, schlägt das Weiße der Eyer zu Schnee, und mischt diesen in die Masse. Gibt sie in eine mit Butter bestrichene Form von feuerfestem Prozellän, stellt sie in eine guten Ofen und läßt sie schnell aufziehen.

Nro. 125
Auflauf von Käs.

Man übergießt 1/2 Pf. geriebenen Edamerkäs mit einem Quart kochendem süßen Rahm, rührt, wenn dieser ganz erkaltet ist, das Gelbe von 5 Eyern, eine Tasse dicken sauren Rahm, Salz und Muskaten hinzu und schlägt alsdann das Weiße der Eyer zu Schnee. Mischt diesen unter die Masse, gibt sie in eine mit Butter bestrichene Form, und läßt sie in einem gelinden Ofen aufziehen.

Nro. 126
Auflauf von saurem Rahm.

Sechs Löffelvoll feines Mehl brüht man mit einem Quart kochender Milch oder Rahm ab, rührt solches mit dem

Gelben von 5 Eyern, 3 Eßlöffelvoll Zucker, einer Messerspitze Zimmt und einer halben Maaß dickem saurem Rahm glatt. Schlägt das Weiße der Eyer zu Schnee, und mischt diesen unter die Masse. Alsdann bestreicht man eine Blechform mit kalter Butter, belegt den Boden derselben mit eingemachten oder gedämpften Aprikosen, gibt die Masse darauf, und läßt sie in einem gelinden Ofen langsam aufziehen.

Nro. 127
Auflauf von Kaffee.

Ein Viertelpfund grob gemahlener Kaffee wird mit einer halben Maaß Milch gekocht und diese durch eine Serviette gepreßt. Alsdann die Milch wieder heiß gemacht und 4 Kochlöffelvoll feines Mehl damit abgebrüht. Bis dieses erkaltet ist, rührt man 1/4Pf. Butter leicht ein, gibt 4 Eßlöffelvoll Zucker sammt dem erkalteten Teig hinzu, rührt dieses mit dem Gelben von 6 Eyern gut ab, schlägt das Weiße zu einem steifen Schnee und mischt diesen unter die Masse. In einer mit Butter bestrichenen Form läßt man sie im Ofen langsam aufziehen.

Nro. 128
Auflauf von Johannisbeeren.

Zwei aufgeweichte Milchbrode durchweicht man mit ein wenig Rahm, drückt sie fest wieder aus, gießt 1/4 Pf. zerlassene Butter darüber und rührt sie mit dem Gelben von 6 Eyern, 2 Löffelvoll Zucker und der abgeriebenen Schale einer Zitrone leicht durch. Schlägt von 5 Eyerklar einen Schnee, rührt zuerst 1/4 Pf. eingemachte Johannesbeere und dann erst den Schnee in die Masse, gibt diese in eine mit Butter bestrichene Form, und läßt sie in einem gelinden Ofen aufziehen.

Nro. 129
Grüner Auflauf.

Man stoßt 3 Händevoll gut gereinigten und gewaschenen Spinat in einem Mörser fein und preßt den Saft davon durch ein reines Tuch, setzt solchen in einer kleinen messingnen Pfanne auf Kohlen, kocht ihn kurz und preßt ihn abermals durch ein reines Tuch. Das im Tuch Zurückgebliebene schabt man mit einem Messer heraus, vermischt es mit 1/4 Pf. abgezogener Mandeln, und stößt diese damit ganz fein. Hierauf rührt man 1/4 Pf. Butter mit 6 Eyergelb, 2 bis 3 Eßlöffelvoll Zucker und einem mit Rahm verkochten und abgekühlten Milchbrod leicht ab, gibt die gestoßenen Mandeln hinzu, und rührt sie damit noch eine Weile. Schlägt das Weiße der Eyer dann zu Schnee, mischt diesen unter die Masse, gibt sie in eine bestrichene Form, und zieht sie langsam auf.

Nro. 130
Gebackene Reisbirnen.

Man kocht 1/4 Pf. gut gereinigten zuvor mit Wasser abgebrühten Reis in Milch ganz weich und trocken ein. Stößt ihn, wenn er kalt ist, mit 4 Loth Butter, dem Gelben von 4 Eyern und einem Löffelvoll Semmelmehl in einem Mörser gut ab, nimmt die Masse auf ein Brett, formirt Birnen von beliebiger Größe daraus und bestreicht sie mit Eyerklar. Wendet sie alsdann in geriebenem Brod um, und backt sie schnell aus heißem Fett. Sie können trocken mit Zucker und Zimmt bestreut, oder mit Mandel-Sauce darüber gegeben werden.

Nro. 131
Biscotennudeln.

Von einem Quart warmem süßem Rahm, einem Eygroß zerlassener Butter, 3 Eyergelb, 1 Löffelvoll Hefe, 2 Löffelvoll

Zucker und ganz feinem Mehl, das man vorher zur Wärme gestellt hat, macht man einen Teig wie zu Dampfnudeln, klopft solchen fein und glatt, bedeckt ihn mit einem reinen Tuch, und läßt ihn bei Wärme gehen. Hierauf bestreut man ein Backbrett mit etwas fein geriebenem Semmelmehl, Zucker und Zimmt, macht von dem Teig kleine längliche Nudeln, bedeckt sie wieder und läßt sie noch ein wenig gehen. Indessen macht man in einer Kasserolle ein Stück Butter mit etwas Rahm und Zucker warm, setzt die Nudeln nicht zu nahe nebeneinander darein, und kocht die Nudeln gut zugedeckt im heißen Rohr. Wenn sie eine leichte Kruste haben wird mit Vanille-Sauce angerichtet.

Nro. 132
Doppen-Nudeln.

Acht bis neun Eßlöffelvoll guten süßen Doppen (Topfen) preßt man mit einer Serviette aus, zerläßt ein paar Loth Butter, gießt diese darauf, rührt ihn mit 2 Ganzen und 3 gelben Eyern und etwas Salz ab und gibt so viel feines Mehl hinzu, bis der Teig etwas leichter als Dampfnudelteig ist. Macht dann fingerdicke und halb fingerlange Nudeln auf ein mit Mehl bestreutes Backbrett heraus. Hierauf erhitzt man in einer Kasserolle ein wenig Milch mit einem großen Stück Butter und legt die Nudeln nicht zu nah aneinander darein. Auch darf die Milch nicht darüber, sonder bloß bis zur Hälfte der Nudeln gehen. Man verschließt die Kasserolle und kocht die Nudeln mit der Milch kurz ein, bis sie Kruste haben.

Nro. 133
Omelette mit Spinat.

Eine Handvoll gebrühten und fest ausgedrückten Spinat wiegt man mit ein paar Schalotten ganz fein, dämpft dies mit einem Stückchen Butter und gibt etwas Salz und Muskaten daran. Hierauf backt man von 5 Eyern, etwas Salz und süßem

Rahm ganz kleine Omelette, überstreicht eine Seite mit Spinat ganz dünn, rollt sie auf und legt sie auf eine mit Butter bestrichene Platte. Man gießt ein wenig süßen Rahm hinzu, legt oben darauf kleine Schnittchen Butter, und läßt sie in einem gelinden Ofen aufziehen.

Nro. 134
Eyerkuchen von Brod.

Zwei Milchbrod oder Semmeln schneidet man in dünne Schnitten, gießt so viel heiße Milch darüber, daß sie davon durchaus angefeuchtet werden, und deckt sie zu. Indessen zerklopft man 5 Eyer mit ein wenig Salz und 1 Löffelvoll Schnittlauch, gießt diese über die Schitten, und drückt sie damit gut durcheinander. Hierauf macht man in einer Pfanne Fett heiß, gibt das angerührte Brod darein, backt den Kuchen auf beiden Seiten gelb, und gibt ihn mit saurem oder gekochtem Obst zu Tische.

Nro. 135
Mandelwürstchen.

Man drückt das Innere von einem mit heißer Milch durchweichten Milchbrod fest aus, dämpft solches mit eines Eygroß Butter, und rührt dasselbe, nachdem es abgekühlt hat, mit 4 Loth fein gestoßenen Mandeln, ein wenig Zimmt und 2 Eyern leicht ab. Legt dann davon mit einem Löffel längliche Würstchen in heißes Fett, backt diese schön gelb und kocht sie, nachdem sie abgelaufen sind, mit Wein, Zucker, Zimmt, und etwas Zitronenschale auf, oder gibt eine beliebige süße Sauce darüber. Man kann auch statt der Mandeln kleine Weinbeeren an das Brod nehmen.

Kapitel VIII

Allerlei Muß.

Nro. 136
Muß von Roggenbrod.

Eine starke Handvoll geriebenes Roggenbord röstet man mit einem Stück Butter, füllt dieses mit einem Quart Wein auf, reibt eine Zitrone an einem Stückchen Zucker ab und gibt dieses mit 4 Loth gut gereinigten Weinbeeren, einer Messerspitzevoll Zimmt und halb so viel Nelken darein. Verkocht das Muß gut, macht es nach Belieben süß, und richtet es dann an.

Nro. 137
Schüsselmuß.

6 Eyergelb zerklopft man mit einem Quart süßen Rahm, etwas Milch und einem Eßlöffelvoll Zucker, streicht eine Schüssel mit Butter aus, bestreut den Boden mit einer Handvoll gut gereinigten Weinbeeren, gießt die Masse hinzu und stellt sie in einen Ofen oder auf kochendes Wasser, bis solche gestanden ist.

Nro. 138
Zitronenmuß mit Wein.

Man rührt einen kleinen Kochlöffelvoll feines Mehl mit dem Gelben von 5 Eyern und einem Quart Wein ab, reibt eine Zitrone an einem Stück Zucker ab, gibt dieses nebst dem Saft der Zitrone hinzu und kocht das Muß unter beständigem Rühren. Wenn es fertig und angerichtet ist, wird es mit braunem Zucker bestreut, mit einer glühenden Schippe zur Verzierung gebrannt und sogleich aufgetragen.

Nro. 139
Aufgezogenes Apfelmuß.

Sechs bis acht mittelgroße gute Aepfel schält und schneidet man klein, dämpft sie mit einem Stück Butter weich, und

treibt sie durch ein Sieb. Hierauf reibt man eine Zitrone an einem Stück Zucker ab, stoßt diesen fein und gibt ihn an die Aepfel, rührt solche mit 3 ganzen und dem Gelben von 3 Eyern eine Viertelstunde, gibt die Masse auf eine mit Butter bestrichene Platte, und läßt sie im Rohr langsam aufziehen.
Man kann auch fertiges Apfelmus verwenden und etwas flüssiges Fett unter die Masse ziehen.

N^{ro.} 140
Cocolademuß.

Man vermischt 4 Loth geriebene bittere Chocolade mit eben so viel ganz fein zerstoßenen Mandeln, rührt dieses mit einer halben Maaß Milch glatt und kocht es mit einem Stückchen Zucker nur ein wenig an. Zerklopft das Gelbe von 5 Eyern wohl und rührt die gekochte Chocolade darein; gießt sie in eine mit Butter ausgestrichene Schüssel und läßt solches im Wasserbad (das nicht studeln darf) zu einem Muß gestehen.

N^{ro.} 141
Weinmuß.

Drei bis vier Kochlöffelvoll Semmelmehl röstet man mit einem Stück Butter gelb, füllt dieses mit einem Glas herbem Wein und etwas Wasser auf, gibt ein Stück Zucker, eine Messerspitzevoll Zimmt und ein wenig Muskaten hinzu und verkocht das Muß gut. Wer es liebt, kann auch etwas Weinbeeren mitkochen lassen. Noch heiß servieren.

N^{ro.} 142
Zwetschgenmuß.

Man begießt reife Zwetschgen mit heißem Wasser, zieht die Haut davon, nimmt die Steine heraus, und kocht die Zwetschgen mit Wein, ein wenig Wasser, Zucker und etwas Zimmt, bis sie ganz weich sind. Röstet alsdann einen Löffelvoll Semmelmehl mit einem Stückchen Butter gelb, verrührt die Zwetschgen unter das Semmelmehl und richtet sie gleich mit braunem Zucker und Zimmt an.

Nro. 143
Krebsmuß.

Man nimmt 1/4 Pf. Krebsbutter, die mit 2 Loth abgezogener feingewiegter Mandeln und 2 Eßlöffelvoll Zucker in eine Schüssel, und rührt es mit dem Gelben von 4 Eyern leicht ab. Schlägt das Weiße von 3 Eyern zu einem Schnee, mischt diesen in die Masse, gießt sie in eine mit Butter bestrichene Schüssel, und läßt sie auf kochendem Wasser zu einem Muß gestehen. Noch heiß servieren.

Für Ihre Notizen:

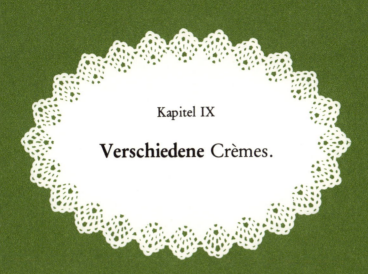

Kapitel IX

Verschiedene Crèmes.

N̲ro̲. 144
Russische Crème

8 Eyergelb zerklopft man mit 1/8 Pf. zerstoßenem Zucker und 1/4 Maaß Champagner in einem hohen Topf, setzt solchen auf gute Hitze und sprudelt die Masse, bis sie dick und ganz Schaum ist. Hebt den Schaum mit einem Löffel in bereit gehaltene Becher ab, und servirt sie gleich warm zu Tisch.

N̲ro̲. 145
Crème von Himbeermark.

Ein Viertelpfund Himbeermark treibt man mit 1 Quart süßem Rahm durch ein Haarsieb, reibt alsdann von einer Zitrone das Gelbe auf Zucker ab, gibt dieses darein und rührt die Crème 1/4 Stunde. Füllt sie in Becher und stellt diese über Nacht auf Eis oder an einen sonst kalten Ort.

N̲ro̲. 146
Crème von Makaronen.

Ein Viertelpfund gestoßene Mandeln werden mit 1/2 Maaß Rahm und einem Stückchen Zucker nur wenig gekocht, alsdann bei Seite gestellt. Hierauf verrührt man das Gelbe von 7 Eyer, rührt diese an die etwas abgekühlte Macaronen, setzt sie wieder auf und läßt sie unter beständigem Rühren dick werden. Nun gießt man die Crème in Becher, bestreut sie, wenn sie fest ist, mit groß gestoßenem Candis, und brennt sie vor dem Auftragen mit einer glühenden Schippe zu Verzierung.

N̲ro̲. 147
Gebackene Crème.

Zwei Eßlöffelvoll feines Mehl brühet man mit einer Maaß heißem Rahm ab, rührt solches glatt und läßt es erkalten. Indessen stößt man 3 Loth Biscuitt mit 3 Loth Makaronen gröblich, rührt dieses mit 2 Loth feingewiegtem Zitronat und dem Gelben von 6 Eyern an den abgekühlten Teig, reibt eine Zitrone auf Zucker ab und gibt diese mit 2 Löffelvoll braunem Zucker dazu. Schlägt von dem Weißen der Eyer einen steifen Schnee und mischt ihn leicht in die Masse. Gießt sie in eine mit Butter bestrichene Schüssel, läßt sie in einem gelinden Ofen backen, und servirt die Crème warm zu Tisch.

Nro. 148
Flomeri von Reis.

Ein halb Pfund Reis wird mit Milch weich und dick eingekocht. Hierauf stoßt man 3 Loth süße und eben so viel bittere Mandeln ganz fein, rührt diese mit einer Handvoll braunem Zucker, der auf Zucker abgeriebenen Schale einer Zitrone und ein paar Messerspitzevoll Zimmt in die Masse. Nun benetzt man Becher mit rothem Wein, füllt sie von dem Reis etwas über halb voll und läßt sie an einem kalten Ort gestehen. Mixt dann rothen Wein mit Zucker und der auf Zucker abgeriebenen Schale einer Zitrone, stürzt das gestandene Flomeri auf eine Platte mit Rand und gibt den Wein darüber.

Nro. 149
Crème Brouille.

Zwei Kochlöffelvoll Mehl rührt man mit dem Gelben von 4 Eyern und 1/4 Maaß süßem Rahm glatt, reibt eine Zitrone auf einem Stückchen Zucker ab, gibt diesen mit einem halben Ey groß frischer Butter darein, und kocht es unter beständigem Rühren langsam zu einer Crème. Hierauf kocht man 1/8 Pf. Zucker zu Caramehl, das heißt: man nimmt den Zucker mit etwas Wasser in eine kupferne Pfanne, setzt diese auf das Feuer, nimmt den Schaum ab und kocht ihn so lang, bis alles Wasser aufgezehrt und der Zucker schön Kastanienbraun ist; man muß sich aber wohl in Acht nehmen, daß er nicht verbrennt. Alsdann gießt man die gekochte Crème in eine

Schüssel, zieht den Zucker, ohne in der Crème zu rühren, in verschiedenen Zügen und Krümmungen darein, und läßt sie erkalten. Bestreut sie, wenn sie als Nachtisch servirt werden soll, mit Kandis und brennt sie einer glühenden Schippe.

Man kann aber auch die Crème, nachdem sie kalt geworden und fest gestanden ist, in beliebige Stückchen schneiden, diese in zerklopften Eyern und geriebenem Milchbrod umwenden, sie aus heißem Fett backen, und warm mit Kandis und Zimmt bestreut als Hauptgericht serviren. Dann empfiehlt es sich die Menge zu verdoppeln.

Nro. 150
Schaum von Aprikosen.

Man treibt 1/2 Pf. eingemachte Aprikosen durch ein Sieb, und rührt dieses mit ein paar Löffelvoll Zucker und einer auf Zucker abgeriebenen Zitrone leicht. Hierauf schlägt man das Weiße von 5 Eyer zu einem steifen Schnee, rührt diesen nach und nach an das Mark und setzt dann die Masse in eine Schüssel. Man bestreut sie mit Kandis, läßt sie in einem heißen Ofen schnell Farbe nehmen und servirt sie gleich zu Tisch.

Nro. 151
Champagner-Schaum mit Orangen.

7 ganze Eyer zerklopft man in einem hohen Topf mit 1/2 Bouteille Champagner ganz stark, reibt 3 Orangen auf 1/4 Pf. Zucker ab und gibt diesen, nachdem er zuvor ein wenig zerstoßen worden, mit dem Saft der 3 Orangen und dem einer halben Zitrone darein. Stellt den Topf auf Kohlen und sprudelt die Masse so lange, bis sie Schaum gibt. Hebt diesen sodann immer mit einem silbernen Löffel in Becher oder Suppen-Tassen ab, sprudelt so lange, bis alles zu Schaum geworden ist, und servirt den Schaum nach Belieben warm oder kalt.

Nro. 152
Kalte Schale mit Erdbeeren und rothem Wein.

Zwei Händevoll geriebenes Milchbrod röstet man gelb, jedoch so trocken wie möglich mit ein wenig Butter und gießt, so lange dieses noch warm ist, 1/2 Maaß rothen Burgunder oder sonst guten Wein darein. Reibt eine Zitrone an Zucker ab, gibt diese mit, so viel nöthig ist, gestoßenem Zucker und etwas Zimmt dazu. Reinigt einen Tellervoll schöne Erdbeeren, mischt dann diese darunter und läßt sie eine Weile an einem kühlen Ort stehen.

Nro. 153
Kalte Schale mit Rosinen.

Vier Händevoll geriebenes Roggenbord röstet man ganz trocken mit einem Stückchen Butter und gießt, so lang solches noch warm ist, 1/2 Maaß Wein daran. Alsdann reibt man eine Zitrone an einem Stück Zucker ab, gibt diese sammt dem Saft, ein paar Messerspitzevoll Zimmt und 1/4 Pf. gereinigte Weinbeeren und Rosinen darein. Streut soviel Zucker darauf, bis es süß genug ist, rührt das Ganze wohl durcheinander, und läßt es an einem kühlen Ort frisch werden.

Nro. 154
Aepfel mit Crème.

Man sticht von schönen Boskop-Aepfeln das Kernhaus mit einem Hohleisen heraus, schält sie alsdann, kocht sie mit einem Glas Wein, einem Stück Zucker und etwas Zimmt weich und legt sie, zum Ablaufen auf ein Sieb. Hierauf zerklopft man das Gelbe von 8 Eyern mit einem Quart süßem Rahm, 2 Eßlöffelvoll braunem Zucker und etwas Zimmt, kocht dieses zu einer dicken Crème und rührt sie in einer Schüssel, bis sie abgekühlt ist. Gibt dann die Hälfte davon auf eine Platte mit hohem Rand, spickt die Aepfel mit ganz fein geschnittenem Zitronat, setzt sie auf die Crème, und gibt in jeden Apfel ein wenig eingemachte Johannisbeeren. Gießt die andere Hälfte der Crème darüber, stellt das Ganze in einen Bratofen bis alles wieder heiß ist. Bestreut aldann die Crème mit Kandis, hält eine glühende Brennschipppe darauf, brennt damit die Crème gelb und trägt sie gleich zu Tisch.

Für Ihre Notizen:

Kapitel X

Kuchen und Torten.

Nro. 155
Kuchen von Roggenbrod mit Kirschen.

Sechs Loth schwarze geriebene Brodrinde feuchtet man mit 3 Löffelvoll rothen Wein an und läßt diese damit gut durchziehen. Indessen rührt man 1/4 Pf. braunen Zucker mit dem Gelben von 5 Eyern und 4 Loth fein gestoßenen Mandeln leicht, gibt einen Kaffeelöffelvoll Zimmt, die Schale von einer halben Zitrone klein geschnitten mit dem angefeuchteten Brod darein, und verrührt es gut. Schlägt alsdann das Weiße der Eyer zu Schnee, gibt diesen mit 1 Pf. abgezupften Kirschen in die Masse, füllt sie in eine mit Butter bestrichene Form und backt sie gleich in einem frischen Ofen. Die Masse soll nicht länger roh stehen.

Nro. 156
Doppen- oder Käsekuchen auf andere Art.

Ein Pfund zarte Käsedoppen (Topfen) wird durch eine Serviette gepreßt, mit einer Tasse saurem Rahm, einem Eygroß zerlassener Butter, einer Handvoll fein gewiegter Mandeln, 2 ganzen und 2 gelben Eyern abgerührt. Wenn die Masse locker ist, gibt man eine Handvoll Zucker, einen Kaffeelöffelvoll Zimmt, 1/2 Pf. Weinbeeren und Rosinen, die man zuvor gut gereinigt und wieder abgetrocknet hat, und 2 Löffelvoll feines Mehl darein. Nun legt man ein mit geriebenem Brod bestreutes Kuchenblech mit ganz dünn ausgewalltem Butterteig aus, gibt die gerührte Masse darein, legt frische Schnittchen Butter darauf und backt den Kuchen in frischer Hitze.

Nro. 157
Zwiebel-Kuchen.

Von 1 Pf. Mehl, 2 Eyern, 1/4 Pf. zerlassener Butter, 2 Löffelvoll Hefe, Salz und lauwarmer Milch macht man einen starken Teig, klopft ihn tüchtig ab und läßt ihn zugedeckt bei Wärme gehen. Indessen schneidet man einen Tellervoll Zwiebel in feine Scheiben, dämpft sie mit Butter weich und erhält sie warm. Den reifen Teig breitet man auf einem bestrichenen Blech zu einem dünnen Kuchen aus, rührt an die Zwiebel eine starke Tassevoll sauren Rahm, 3 Eyer, Salz und einen Löffelvoll fein geschnittene grüne Zwiebeln, breitet dieses über den ganzen Kuchen aus und backt ihn schnell in einem heißen Ofen.

Nro. 158
Speck-Kuchen.

Hiezu macht man den letztgemeldeten Teig und läßt ihn bei Wärme reifen, breitet ihn dann auf einem bestrichenen Blech zu einem dünnen Kuchen aus. Indessen wiegt man 1/4 Pf. frischen Speck fein, zerklopft ein Ey mit ein wenig zerlassener Butter und 2 Löffelvoll saurem Rahm, bestreicht damit den Kuchen, streut den Speck mit etwas Kümmel und Salz vermischt darauf und backt ihn in einem guten Ofen.

Nro. 159
Süßer Speckkuchen.

Man rührt 1/4 Pf. gestoßene Mandeln mit eben so viel braunem Zucker, 4 Loth gewiegtem Zitronat, 2 Loth Pomeranzenschalen, die Schale von einer halben Zitrone, deren Saft und 3 Eyer, bis die Masse dick ist. Von feinem Butterteig wallt man alsdann ein dünnes Blatt, schneidet nach einer Platte 2 gleiche Böden heraus, bestreicht den einen am Rand herum einen Fingerbreit mit einem Ey und legt ihn auf ein mit geriebenem Brod bestreutes Blech. Man gibt auf den Rand ein fingerbreites Band, bestreicht dieses ebenfalls, gibt in den innern Raum des Bodens die gerührte Fülle, streicht sie mit einem Löffel auseinander, legt den Deckelboden darauf, schneidet den Rand mit einem heißen Messer ein, bestreicht den Kuchen mit Eyer, streut groß gestoßenen weißen Candis darauf und backt ihn in einem guten Ofen.

Nro. 160
Trauben-Kuchen.

Ein Blech, dem man den Rand abnehmen kann, legt man mit gutem Butterteig aus, so daß derselbe 2 Fingerbreit an dem Rand herauf geht, belegt den Boden dicht mit abgezupften Trauben. Zerklopft alsdann 4 Eyer mit einer Tasse dickem Rahm, gibt 4 Loth gestoßenen Zucker, ebensoviel fein gewiegte Mandeln und ein wenig Zimmt darein und gießt dieses auf dem Kuchen herum. Dann vermischt man eine Handvoll Milchbrod mit ein paar Löffelvoll Kandis, streut sie dicht oben darauf, legt feine Schnittchen Butter daran und backt in einem guten Ofen.

Nro. 161
Schwarzbrod-Kuchen.

Man feuchtet einen Tellervoll geriebenes Roggenbord mit gutem Wein an, deckt es zu und läßt es gut durchziehen. Indessen belegt man ein bestreutes Kuchenblech mit ganz dünnem Butterteig, gibt das Brod mit 6 Loth gestoßenen Mandeln, ebensoviel gesiebtem, Kandis ein Kaffeelöffelvoll Zimmt, halb so viel Nelken und die auf Zucker abgeriebene Schale einer Zitrone in eine Schüssel, rührt alles mit dem Gelben von 5 Eyern zu einer leichten Masse. Schlägt dann das Weiße der Eyer zu Schnee, mischt diesen mit einer Handvoll kleinen Weinbeeren darein, füllt damit den Kuchen aus, und backt ihn in einem frischen Ofen.

Nro. 162
Gefüllte Biscuit-Torten.

Man rührt 1/2 Pf. Zucker mit 7 ganzen und 2 gelben Eyern zu

einer dicken Masse, schlägt 14 Loth Stärkemehl durch ein Sieb, zieht dieses leicht darein, und füllt sie in 3 gleiche mit Butter bestrichene und mit geriebenem Bord bestreute Formen. Setzt diese dann auf ein Blech, und backt sie in einem gelinden Ofen schön. Wenn sie fertig und abgekühlt sind, überstreicht man sie mit eingemachten Johannisbeeren, setzt die 3 Theile auf einander, schneidet sie am Rande gleich, überzieht sie mit der Chocoladen-Glasur. Die trockene Torte bekommt einen Rand von Papierspitze.

N^{ro.} 163
Erdäpfel-Torte.

Man siedet gute gelbe Erdäpfel nicht zu weich, läßt solche, nachdem sie geschält sind, ganz erkalten und reibt sie hernach auf einem Reibeisen fein. Rührt alsdann 1/2 Pf. fein gesiebten Zucker mit 2 Loth gestoßenen bittern Mandeln, 2 Loth Zitronat und eben so viel Pomeranzenschalen, beides fein gewiegt mit der auf Zucker abgeriebenen Schale einer Zitrone sammt deren Saft, die Erdäpfel, 5 ganze und 4 gelbe Eyer eine Stunde. Füllt die Masse dann in eine mit Butter bestrichene und mit geriebenem Brod bestreute Form, stellt sie schnell in einen guten Ofen und backt sie eine kleine Stunde.

N^{ro.} 164
Torte von Johannisbeeren.

Man nimmt auf ein Backbrett 12 Loth feines Mehl, 6 Loth gestoßenen Zucker, eine Nußgroß frische Butter und die abgeriebene Schale einer Zitrone, zerklopft das Weiße von 2 Eyer, drückt etwas Zitronensaft hinzu und macht damit einen Teig. Man wallt solchen schwachen Messerrückendick aus, belegt damit ein mit Butter bestrichenes und mit geriebenem Brod ausgestreutes Blech, so einen schmalen Rand hat, und überstreicht den Boden mit eingemachten Johannisbeeren einen kleinen Finger dick. Rührt alsdann 1/4 Pf. gesiebten

Zucker mit ebenvoviel fein gestoßenen Mandeln, 2 Loth geschnittenem Zitronat, ebensoviel Pomeranzenschalen und der abgeriebenen Schale einer halben Zitrone, 3 ganzen und 3 gelben Eyern 1/4 Stunde. Gibt die gerührte Masse auf die Fülle, stellt die Torte in einen guten Ofen, und läßt sie schön backen. Mann kann sie, wenn sie fertig und abgekühlt ist, mit einer beliebigen Glace überziehen, und sie mit Johannisbeeren garniren.

Nro. 165
Compot-Torte.

Man schält schöne Borstorfer-Aepfel, höhlt solche aus, schneidet sie in der Mitte entzwei, dämpft sie mit ein wenig Wein, braunem Zucker und einem Stückchen ganzen Zimmt nicht ganz weich und legt sie zum Ablaufen auf ein Sieb. Hierauf belegt man ein mit Butter bestrichenes und mit weißem Brod bestreutes Blech, so einen schmalen Rand hat, mit fein ausgewalltem Butterteig, belegt den Boden desselben mit den Aepfeln so, daß immer ein Raum von Fingerbreite dazwischen bleibt, und streicht in den leer gelassenen Raum kleinfingerdick eingemachte Heidelbeeren. Alsdann rührt man 4 Loth fein gestoßene Mandeln mit ebensoviel braunem Zucker und dem Gelben von 4 Eyern leicht, schlägt das Weiße der Eyer zu Schnee, mischt diesen unter die Masse, gibt sie über das Compot, und backt die Torte in einem guten Ofen.

Nro. 166
Reis-Torte.

Ein halb Pfund schönen Reis verliest und wäscht man aus ein paar heißen Wassern rein, gießt kochendes Wasser daran, und läßt ihn, ohne darin zu rühren, auf Kohlen aufquellen und weich werden. Bringt ihn, wenn dies erfolgt ist, zum Ablaufen auf ein reines Sieb, gibt den Reis sodann, wenn er trocken ist, auf eine Platte, streut 1/2 Pf. gestoßenen Zucker darauf, und drückt auf diesen den Saft von 3 Zitronen. Hierauf belegt man eine Blechform, die man zuvor mit geriebenem Brod bestreut hat, und der man den Rand abnehmen kann, mit feinem Butterteig, so daß dieser einen Fingerbreit an dem Rand herauf geht, und breitet die Reismasse darauf aus. Man reibt 1 oder 2 Zitronen an einem Stück Zucker ab, stößt diesen fein, bestreut damit die Torte, und backt sie schnell, damit sie nicht trocken wird, in einem guten Ofen. Indessen kocht man von dem Saft von 2 Zitronen und einem Stück Zucker ein dickes Gelée, überzieht damit die Torte, wenn sie aus dem Ofen kommt, und servirt sie nach Belieben warm oder kalt.

Nro. 167
Mandel-Croquant.

Man schneidet 3/4 Pf. schön abgezogene Mandeln quer so fein wie möglich, reibt von 2 Orangen die Schale auf 3/4 Pf. Zucker ab, stößt diesen fein, gibt ihn mit den Mandeln in eine messingne Pfanne, bespritzt dieses mit ein wenig Wasser, und läßt es unter stetem Umrühren gelb werden. Zuvor aber bestreicht man eine runde Form von innen mit süßem Mandelöl, gibt die gelb gewordene Masse darein, drückt solche, so lange sie noch warm ist, nach der Form schön gleich aus, und stürzt sie, wenn sie abgekühlt und hart ist, auf eine Platte.

Nro. 168
Aepfeltorte mit Zitronenguß.

Man sticht gute Borstorfer-Aepfel aus, schält und schneidet sie entzwei, und dämpft sie mit etwas Wein, Zucker, der Schale einer halben Zitrone und deren Saft kurz ein, und legt sie zum Erkalten auf eine Platte. Alsdann belegt man eine Blechform, der man den Rand abnehmen kann, mit feinem Butterteig, läßt diesen einen starken Fingerbreit heraufgehen, und belegt den Boden derselben mit den kalt gewordenen Aepfeln. Nun rührt man 4 Loth fein gesiebten Zucker mit dem Gelben von 3 Eyern, reibt eine Zitrone auf Zucker ab, und gibt diese darein. Schlägt sodann das Weiße der Eyer zu Schnee, rührt ihn mit dem Saft einer Zitrone unter die Masse, gießt diese an die Torte, und backt sie in einem frischen Ofen schön.

Nro. 169

Mark-Torte.

Von 3 Milchbroden reibt man die Rinde ab, schneidet das Innere zu dünnen Schnitten, gießt ein Quart kochenden Rahm darauf und deckt das Brod zu. Indessen rührt man 6 Loth Butter mit dem Gelben von 5 Eyern leicht, schneidet 1/2 Pf. gut ausgewässertes Rindmark ganz klein, rührt dieses mit einer Handvoll braunem Zucker, 2 Messerspitzenvoll Zimmt und dem erkalteten Brod an die Butter, schlägt das Weiße der Eyer zu Schnee, und rührt diesen in die Masse. Nun belegt man ein mit weißem Brod bestreutes Blech, das einen schmalen Rand hat, mit gutem fein ausgewalltem Butterteig, gibt die Masse darein, bestreut sie oben ein wenig mit geriebenem Milchbrod, welches man mit einem Löffelvoll Kandis vermischt hat, und backt die Torte in einem guten Ofen.

Nro. 170

Glas-Torte.

Man wallt feinen Butterteig schwachen Messerrückendick aus, schneidet nach einer Platte einen Boden. legt diesen auf ein bestreutes Blech, stupft ihn stark, damit er keine Blattern bekommt und legt übers Kreuz ein aus dem nemlichen Teig geschnittenes fingerbreites Band. Man unterlegt solches, damit es in der Höhe bleibt, mit ein wenig zusammengeballtem Papier. Bestreicht den Teig mit einem zerklopften Ey, und backt ihn schnell in einem guten Ofen. Wenn er fertig und abgekühlt ist, gibt man in die 4 Ecken, die durch das Kreuz hergestellt sind, viererlei eingesottene Früchte, als z.B. Aprikosen, Johannisbeere, Hägenmark, Kirschen oder was man sonst für Abwechslungen hat. Dieses muß so hoch aufgetragen werden, daß es dem Band oder Kreuz gleich steht. In die Mitte der Torte legt man einen Stern von schönen abgezogenen in der Mitte gespaltenen Mandeln. Hierauf rührt man Caramehlpuding an, überzieht die Torte schön glatt damit, gibt einen Rand von Papierspitze darum und servirt sie gleich zu Tische.

Nro. 171
Krach-Torte.

Man läutert 1 Pf. feinen Zucker und kocht selben zu Caramehl ein. Zuvor schneidet man 3/4 Pf. abgezogenen Mandeln quer so fein wie Papier, ferner 4 Loth Zitronat, 8 Loth Quitten-Confekt und ein paar eingemachte Nüsse. Klein gewürfelt mischt man sie sammt den Mandeln in den Zucker, und rührt dieses in einer Schüssel bis die Masse anfängt kühl zu werden. Zuvor schneidet man von zusammmengeklebten Backoblatenbögen, so groß die Torte werden soll nach einer Platte einen runden Boden aus, legt diesen auf ein mit Papier belegtes Blech, streicht die Masse ganz gleich darauf, und läßt die Torte bloß trocknen.

Nro. 172
Weichsel- oder Kirschen-Torte.

Man steint 3 Pf. frische Kirschen oder Weichseln aus, legt sie auf ein Sieb und bestreut sie stark mit Zucker, gibt aber ein Gefäß unter das Sieb, das den heraubträufenden Saft aufnimmt. Alsdann belegt man ein Blech mit feinem Butterteig, läßt diesen einen Fingerbreit am Rand herauf gehen und gibt die Kirschen darein. Den abgeträuften Saft zerklopft man mit 3 Eyern und einigen Löffelvoll süßem

Rahm, gibt eine Handvoll fein gestoßener Mandeln mit soviel gestoßenem Zucker darein, gießt dieses über die Kirschen, bestreut sie stark mit geriebenem Biscuit, und backt die Torte in einem frischen Ofen. Die ausgekühlte Torte wird mit Vanillecrème (Fertigprodukt) dicht überstrichen.

Für Ihre Notizen:

Kapitel XI
Kleine Backereien und Leckereien.

Nro. 173
Butter-Küchlein.

Man rührt 1/2 Pf. Butter mit 4 ganzen und eben so viel gelben Eyern zu Schaum, gibt 3/4 Pf. Mehl, etwas Salz und eine Tasse süßen Rahm darein, rührt den Teig bis er ganz leicht ist und läßt ihn dann ein wenig stehen. Indessen belegt man ein Blech mit weißem Papier, bestreicht solches mit Butter, setzt mit einem Löffel kleine Küchlein darauf, zerklopft ein paar Eyergelb mit ein wenig zerlassener Butter und bestreicht sie damit. Streut Kandis und Zimmt darauf und backt sie in einem guten Ofen.

Nro. 174
Spanische Kolatschen.

Man rührt 1/4 Pf. Butter mit 3 ganzen und 5 gelben Eyern zu Schaum, gibt eine Tasse lauwarmen Rahm, 2 Löffelvoll Hefe, Salz und so viel Mehl darein, daß es einen leichten Teig gibt, den man auswallen kann. Klopft ihn fein ab, deckt ihn zu und läßt ihn bei Wärme reifen. Alsdann bestreut man ein Backbrett mit Mehl, wallt den Teig messerrückendick aus, sticht davon Küchlein in der Größe eines Kronenthalers aus, und backt sie aus heißem Fett. Dann bestreicht man sie mit geschmolzener Schokolade, streut Kandis und feingewiegte Mandeln darauf, setzt die Kolatschen auf ein Blech, und trocknet sie in einem ausgekühlten Ofen.

Nro. 175
Speck-Küchlein.

Ein Pfund von angewärmtem feinem Mehl macht man mit 12 Loth zerlassener Butter, einem ganzen und 3 gelben Eyern, 2 Löffelvoll Hefe, etwas Salz und laufwarmen Rahm zu einem leichten Teig. Klopft ihn fein ab, und läßt ihn zugedeckt bei Wärme reifen. Dann bestreut man ein Backbrett mit Mehl, wallt den Teig fingerdick aus, sticht mit einem Trinkglas kleine Küchlein aus, legt sie auf ein mit Butter bestrichenes Blech und läßt sie noch ein wenig bei Wärme stehen. Indessen zerklopft man ein paar Eyergelb mit etwas zerlassener Butter, bestreicht damit die Küchlein, gibt fein gewiegten Speck, Salz und Kümmel darauf und backt sie in einem frischen Ofen.

Nro. 176
Gebackene Zwetschen.

Man begießt frische Zwetschen mit heißem Wasser, zieht die Haut davon und drückt die Steine heraus. Hierauf macht man ein wenig Wein warm, rührt damit 4 bis 5 Löffelvoll feines Mehl glatt, gießt in den Teig eine Nußgroß heißes Fett und verdünnt ihn mit dem Weißen von 4 Eyern. In die abgetrocknete Zwetschen steckt man statt dem Stein eine abgezogene Mandel, wendet sie in dem Teig um, backt sie in heißem Fett gelb, und gibt sie warm mit Zucker und Zimmt bestreut zu Tisch.

Nro. 177
Tannenzapfen.

Von 1/2 Pf. feinem Mehl, 1/4 Pf. Butter, ein paar Löffelvoll Zucker, ebensoviel fein gestoßenen Mandeln, ein wenig Zimmt, 1 ganzen und 3 gelben Eyern sowie etwas saurem Rahm macht man einen Teig, der die Stärke wie Butterteig hat. Wallt ihn ein paarmal aus, läßt ihn ein wenig ruhen und wallt ihn dann zum drittenmal messerrückendick aus. Schneidet Stückchen ab, umwickelt Schlotfegerhölzer mit einem Stück Teig, so daß beide Enden über einander gehen, umwickelt sie mit einem Faden, damit der Teig sich nicht abrollen kann, und zwickt mit einer Schere Schuppen in den Teig. Legt ihn sammt dem Holz in heißes Fett und backt die Tannenzapfen schön gelb. Wenn sie fertig sind, werden die Hölzer behutsam herausgezogen, die Oeffnungen mit eingesottenen Früchten ausgestrichen, alsdann Kandis und Zimmt darauf gestreut.

Nro. 178
Schneekräpfchen.

Man nimmt auf ein Backbrett 1/4 Pf. Mehl, ebensoviel Butter, ein wenig Salz, einen Löffelvoll sauren Rahm und 2 Eyer. Reibt dieses zusammen zu einem Teig, wallt ihn zweimal wie den Butterteig aus, das drittemal schwachen Messerrückendick. Schneidet sodann lange handbreite Streifen, setzt von eingestotteten Früchten, was es auch sei, Häufchen in eine Reihe der Länge nach auf die Hälfte des Teigs, bestreicht die Zwischenräume mit einem Ey, schlägt die andere Hälfte des Teigs darüber, drückt den Rand gut an, und schneidet mit einem Backrädlein die Kräpfchen aus. Backt sie alsdann ganz hellgelb schnell in heißem Fett und bestreut sie, wenn sie abgelaufen sind, mit Zucker.

Nro. 179
Ulmer-Brod.

Man zerklopft in einer Schüssel 3 Eyer mit 4 Loth zerlassener Butter und 4 Löffelvoll Hefe. Gibt 1/2 Pf. gesiebten Zucker, 2 Loth gewaschenen Anis und 1/2 Maaß lauwarme Milch darein, und arbeitet so viel feines Mehl darunter, bis es einen ganz festen Teig gibt. Nimmt ihn alsdann auf ein Backbrett, wirkt ihn ganz glatt und fein, deckt ihn dann zu und läßt ihn bei Wärme stehen. Wenn der Teig gegangen ist, macht man 2 lange Wecken daraus, legt sie auf ein mit Mehl bestreutes Blech, macht der Länge nach in der Mitte einen Schnitt, und backt sie langsam in einem gelinden Ofen. Wenn die Wecken fertig und abgekühlt sind, schneidet man sie in feine Schnitten, röstet diese auf einem Rost oder im Ofen auf einem Blech gelb, und hebt sie an einem trockenen Ort zum Gebrauch auf. Wer es liebt, kann in den Teig ein paar Loth fein gewiegten Zitronat und Pomeranzenschale nehmen.

Nro. 180
Tortulette von Reis.

Ein Viertelpfund Reis wäscht man ein paarmal aus heißem Wasser, kocht ihn mit Milch nicht zu dick ein und treibt ihn durch ein Sieb. Hierauf rührt man 1/4 Pf. Zucker mit dem Gelben von 6 Eyern, gibt die abgeriebene Schale einer Zitrone, eine kleine Handvoll fein gestoßene Mandeln sammt dem abgekühlten Reis darein, rührt diese zusammen, schlägt das Weiße der Eyer zu Schnee und gibt ihn in die Masse. Alsdann legt man kleine Förmchen mit dünn ausgewalltem Butterteig aus, füllt sie mit der Masse voll und backt sie schnell in einem guten Ofen.

Nro. 181
Tortulette mit Kirschen.

Man gibt einen Tellervoll ausgesteinte Kirschen oder Weichseln auf ein Sieb, bestreut sie stark mit Zucker, gibt aber unter das Sieb ein Gefäß, in das der abträufende Saft laufen kann. Alsdann zerklopft man 2 ganze und 4 gelbe Eyer mit einer Handvoll gestoßenem braunem Zucker, einem Quart ganz dickem süßem Rahm und dem abgeträuften Saft der Kirschen, belegt kleine Förmchen mit gutem Butterteig und gibt in jedes einen Löffelvoll Kirschen. Bestreut diese mit Zimmt, gießt von den zerklopften Eyern und Rahm darüber, stellt sie auf ein Blech und backt in einem frischen Ofen.

Nro. 182
Zucker-Rosen.

Von 1/2 Pf. Mehl, 4 Loth Zucker, ebensoviel frischer Butter, der abgeriebenen Schale einer halben Zitrone, einem ganzen und einem gelben Ey, sowie ein wenig Milch macht man einen festen Teig, und wallt ihn zweimal wie einen Butterteig aus. Wenn er eine Weile geruht hat, wallt man ihn zu der

Dicke eines schwachen Messerrückens aus, sticht ihn in runde Blätter in der Größe eines Kronenthalers aus und legt 5 bis 6 davon auf einander. Jedes muß, indem es auf das andere gelegt wird, in der Mitte mit einem zerklopften Ey geduft und fest auf einander gedrückt werden. Alsdann schneidet man ringsum in den Teigrand kleine Schuppen, und legt in heißes Fett ein. Wenn die Rosen gelb gebacken und fertig sind, können sie zwischen den Blättern mit etwas Marmelade bestrichen oder stark mit Zucker und Zimmt bestreut werden.

Nro. 183
Zitronen-Holippen.

Man nimmt 3 Eyer, wiegt, so schwer diese sind, gesiebten Zucker und ebensoviel feines durchgesiebtes Mehl, reibt 2 Zitronen an einem Stück Zucker ab, schabt das Gelbe davon, und vermischt es mit dem Zucker, schlägt die 3 Eyer aus, und rührt damit alles ganz locker. Das Weiße von 2 Eyern schlägt man zu einem steifen Schnee und mischt ihn in die Masse. Alsdann bestreicht man ein warmes Blech mit weißem Wachs, gibt von der Masse kleine Häufchen darauf, streicht diese dünn und rund aus, backt sie in einem gelinden Ofen gelb und wickelt sie, wenn sie fertig und noch warm sind, über ein dünnes Holz auf.

Nro. 184
Bauren-Krapfen.

Man vermischt 1/2 Pf gesiebten Zucker mit ebensoviel fein geriebenen Mandeln, gibt den Saft einer halben Zitrone, 2 gelbe und 3 ganze Eyer daran, und rührt dieses leicht. Schneidet 2 Loth Pomeranzenschalen und ebensoviel Zitronat fein, gibt dieses mit einer Messerspitzevoll Zimmt, ein wenig Muskatenblüthe, der auf Zucker abgeriebenen Schale einer Zitrone und 1/4 Pf. Mehl in die Masse. Belegt alsdann ein Blech mit Oblaten, setzt davon kleine runde Häufchen darauf, und backt sie in einem gelinden Ofen.

Nro. 185
Nonnen-Kräpflein.

Von 8 Loth Mehl, 4 Loth Zucker und dem weißen von 2 Eyern macht man einen festen Teig wie zu Nudeln, und wallt ihn ganz dünn aus. Den Tag zuvor läutert man ein Quart reinen Honig, kocht ihn, bis er dick ist, gibt 3 bis 4 Händevoll geriebenen Lebkuchen, 1/2 Loth Zimmt, ebensoviel Nelken, die kleine geschnittene Schale einer Zitrone mit deren Saft in den Honig, rührt dieses zusammen gut ab, und läßt es über Nacht zugedeckt stehen. Nun schneidet man aus dem Teig lange handbreite Streifen, bricht von dem gekochten Honigteig kleine runde Kugeln aus, legt sie auf die Hälfte des abgeschnittenen Teiges, schlägt die andere Hälfte darüber her, schneidet die Kräpflein mit einem Backrädlein ab, drückt den Teig fest zusammen, setzt sie auf ein mit Mehl bestreutes Blech, und backt sie bei schwacher Hitze so, daß sie ganz weiß bleiben.

Nro. 186
Spanische Wind.

Man schlägt das Weiße von 3 frischgelegten Eyern zu einem ganz festen Schnee, und mischt 1/4 Pf. feinsten gesiebten Zucker darunter. Belegt ein Blech mit Oblaten, setzt von dem Schnee runde Ballen darauf, stellt sie in einen ausgekühlten Ofen und läßt sie trocknen. Indessen schlägt man 1/2 Maaß dicken süßen Rahm steif, nimmt die Wind wenn sie getrocknet sind von dem Blech ab, macht die Oblatten davon, füllt immer einen von der Bodenseite mit der Schagsahne aus, setzt einen andern drauf, fährt so fort, bis alle gefüllt sind, und gibt sie dann gleich zu Tische. (Dem Schlagrahm kann man den Geschmack von Vanille oder Orangen, während dem er geschlagen wird, geben).

Nro. 187
Geröstete Mandeln.

Man reibt 1 Pf. ausgesuchte schöne Mandeln mit einem reinen Tuche ab. Alsdann läutert man 1 Pf. Zucker mit einem Glas Wasser, kocht diesen bis er etwas dick und das Wasser daran verraucht ist, gibt die Mandeln mit einem Kaffeelöffelvoll Zimmt darein, und kocht sie so lange, bis sie anfangen zu krachen. Nun stellt man sie vom Feuer, spritzt ein wenig frisches Wasser darüber, rührt sie damit durcheinander, gibt sie noch einmal auf das Feuer und läßt sie, indem man sie beständig umrührt, darauf, bis der Zucker ganz eingekocht hat. Hierauf stellt man sie bei Seite, rührt sie so lange durcheinander, bis der Zucker daran trocken geworden, ist, und legt sie zum Abkühlen auf ein Sieb.

Nro. 188
Kirschen zu glasiren.

Man schneidet an den Kirschen die Stiele ein wenig ab, wäscht sie rein, und trocknet sie auf einem Sieb. Hierauf schlägt man von Eyerklar einen Schnee, gibt ein paar Löffelvoll davon in eine Schüssel, legt von den Kirschen darein, und schwingt sie mit dem Schnee um. Nun macht man Puderzucker in einer messingnen Pfanne heiß, wendet die im Eyerweiß gelegenen Kirschen in dem heißen Zucker um, legt sie, ohne daß sie aufeinander liegen, auf ein Sieb zum Trocknen.

Nro. 189
Johannisbeere zu glasiren.

Man nimmt hiezu schöne, aber keine überreifen Träubchen, wäscht und trocknet sie, behandelt sie wie die Kirschen und gibt sie wie jene, wenn sie fertig sind, zum Trocknen auf ein Sieb.

Nro. 190
Castanien zu glasiren.

Man läutert 1 Pf. Zucker mit einem Glas Wasser in einer kupfernen Pfanne, klärt ihn mit zerklopftem Eyerweiß, und kocht ihn, bis er Probe hält: Man taucht dazu mit einem glatten Hölzchen zuerst in kaltes Wasser, dann in den Zucker und wieder schnell in das Wasser. Sollte der Zucker, wenn man darauf drückt, wie Glas abspringen, so hat er genug, läßt er sich aber noch zähe und klebrig fühlen, so muß er noch so lange gekocht werden, bis er die erwähnte Eigenschaft hat.

Die Castanien, die schön sein müssen, werden zuerst gebraten und geschält, alsdann an ein Hölzchen gesteckt, in dem Zucker umgewendet, und so lange im Kreis gedreht, bis der Zucker sich glasirt hat und trocken ist. Alsdann werden sie in ein Zuckersieb gelegt, und wenn alle fertig sind, jede in eine Kapsel von weißem Papier eingemacht.

Kapitel XII

Getränke-Compositionen.

Nro. 191
Eyer-Punsch.

Man zerklopft in einer großen Kasserolle 12 ganze Eyer mit dem Saft von 6 Zitronen, einer Bouteille Burgunderwein, ebensoviel Arak und gleichem Quantum Wasser. Reibt 3 Zitronen an 2 Pf. Zuckerstücken ab und gibt diese zerstoßen ebenfalls dazu. Setzt alsdann die Kasserolle auf gute Hitze, schlägt die Masse mit einem Schlagbesen, bis sich Schaum in die Höhe wirft, nimmt diesen mit einem silbernen Löffel in Tassen oder Gläser ab, und servirt ihn gleich.

Nro. 192
Bischoff.

Acht bis 10 schöne bittere Orangen werden eingekerbt, auf dem Rost gebraten, alsdann entzwei geschnitten und in eine Schüssel von Porzellän gelegt. Hierauf kocht man 3 Maaß rothen Wein wohl verdeckt mit Zucker, bis er süß genug ist, gibt ihn sogleich über die Orangen und stellt ihn ein paar Stunden in heiße Asche, damit sich der Geschmack von den Orangen dem Weine mittheilen kann. Nach dieser Zeit preßt man sie gut aus, filtrirt den Bischoff durch eine Serviette und gibt ihn warm oder kalt in Gläser.

Nro. 193
Reformirter Thee.

Ein halb Loth guter Thee wird mit einer Maaß Milch, worein ein Stückchen Zimmt und der nöthige Zucker gekocht hat, abgebrüht und zugedeckt, bis er angezogen hat. Indessen zerklopft man das Gelbe von 6 Eyern mit etwas kalter Milch, passirt den Thee durch ein Sieb dazu, stellt ihn wieder auf Hitze und sprudelt ihn, bis er recht heiß ist, gut ab. Man kann auch aus der Milch den Zucker weglassen, an den Thee, wenn er an die Eyer passirt ist, Frucht-Syrup geben, ihn absprudeln, und in Tassen serviren. Der Syrup gibt dem Thee einen äußerst angenehmen Geschmack.

Nro. 194
Sapajeau.

Die abgeriebenen Schalen von 3 Zitronen, deren Saft, 8 ganze Eyer und eine Bouteille Champagner schlägt man mit 1/2 Pf. gestoßenem Zucker in einer Kasserolle gut ab, setzt sie auf Hitze, schlägt die Masse, bis sie kochheiß ist, und servirt sie dann gleich in Tassen.

195
Warmes Bier.

Eine Maaß weißes Bier wird mit einem Stück Zucker, einem Stückchen Zimmt, etwas ganzer Muskatenblüthe, Zitronenschale und einer Nußgroß frische Butter gekocht, rein verschäumt, mit dem Gelben von 8 Eyern abgerührt, und auf Hitze, bis es dick und schäumig ist, gesprudelt.

Nro. 196
Chaudeau (**Schodo).**

Eine halbe Maaß Wein wird mit 4 ganzen und 8 gelben Eyern in einem hohen glasirten Topf gut abgeschlagen, die abgeriebene Schale einer Zitrone mit 1/4 Pf. gestoßenem Zucker dazu gedrückt, und die Masse auf Hitze gesprudelt, bis sie schäumig und kochheiß ist, alsdann in Tassen servirt.

Nro. 197
Mandelmilch.

Ein halb Pfund rein gewaschene Mandeln stößt man, ohne sie abzuziehen, mit ein wenig frischem Wasser ganz fein, gießt 2 Maaß Wasser hinzu, läßt sie eine Weile so stehen, preßt sie dann durch eine Serviette fest aus, und versüßt die Milch mit Zucker nach Belieben. Man kann unter die Mandeln auch 1 Loth bittere Mandeln stoßen, es gibt der Milch einen angenehmen Geschmack.

Nro. 198
Wasser-Chocolade

So viele Becher Chocolade man braucht, soviel Wasser gießt man in eine emaillierte Pfanne, gibt auf jeden Becher 1 1/2 Loth feinste geriebene Chocolade dazu, kocht diese zuerst ein wenig, gießt es dann in einen glasirten Topf. Setzt diesen auf gute Hitze, sprudelt die Chocolade, bis Schaum auf die Höhe kommt, hebt diesen in gewärmte Tassen ab und servirt sie sogleich mit gerösteten Schnitten von Milchbrod.

Nro. 199
Quitten-Ratasia

Man reibt gute Birnen-Quitten, preßt den Saft davon aus, gibt an eine Maaß Quittensaft eine Maaß guten Cognac, zerschneidet 50 Pfirsichkörne, gibt diese mit 1 Pf. Zucker, 1/2 Loth Zimmt und ebensoviel Nelken groß zerstoßen darein, stellt das Glas wohl verbunden 2 Monat lang zu gelinder Wärme, filtrirt die Ratasia nach dieser Zeit, und hebt sie in Bouteillen gefüllt auf.

Nro. 200
Kirschen- Ratasia

Sechs Pfund Amarellen werden sammt den Steinen zerstoßen, 2 starke Händevoll Johannis- und eben so viele Himbeeren zerdrückt, und diese sammt den Amarellen mittelst einer Presse ausgepreßt. An diesen Saft gießt man 2 Maaß guten Cognac, gibt 1 Loth zerpröckelten Zimmt und halb so viel Nelken dazu, gießt dieses in ein Glas, verbindet es gut und läßt solches 6 Wochen lang an einem temperierten Ort stehen. Hierauf filtrirt man es durch ein reines wollenes Tuch, zerklopft 2 Pf. feinen Zucker, gibt diesen an die Ratasia, läßt sie gut verbunden noch 14 Tage stehen, filtrirt sie noch einmal und bewahrt sie dann in Bouteillen auf. Vorzüglich als Apèritif oder zum Mokka.

Register

Suppen: Seite

Nro. 1 Bisquitsuppe 13
Nro. 2 Suppe von gestoßenem Fleisch 13
Nro. 3 Französische Suppe 13
Nro. 4 Andiviensuppe 14
Nro. 5 Suppe von Kerbelkraut 14
Nro. 6 Italienische Suppe 15
Nro. 7 Suppe von Blättlein 15
Nro. 8 Schwarze Brod-Suppe mit Bratwürste,
oder verlorenen Eyern. 15
Nro. 9 Zwiebel-Suppe 16
Nro. 10 Zitronen-Suppe. 16
Nro. 11 Süße Milch-Suppe. 16
Nro. 12 Wein-Suppe. 17
Nro. 13 Bier-Suppe. 17

... und Knöpflein in die Suppen.

Nro. 14 Knöpflein von Kartoffeln (Erdäpfel). 17
Nro. 15 Knöpflein von Hühnerfleisch. 18
Nro. 16 Hirn-Knöpflein. 18
Nro. 17 Abgetrocknete Knöpflein. 18
Nro. 18 Grüne Knöpflein. 19
Nro. 19 Knöpflein von Schinken. 19
Nro. 20 Gebackenes Brod. 19
Nro. 21 Gebackene Briesen. 20

Salate:

Nro. 22 Italienischer Salat. 23
Nro. 23 Polnischer Salat. 23
Nro. 24 Welscher Salat. 23
Nro. 25 Salat von Karfiol. 24
Nro. 26 Häring-Salat. 24

Nro. 27	Kraut-Salat.	25
Nro. 28	Zitronen-Salat.	25
Nro. 29	Orangen-Salat.	25
Nro. 30	Melonen in Essig einzumachen.	25
Nro. 31	Champignons einzumachen.	26

Gefüllte und pikante Gemüse:

Nro. 32	Spargeln in gelber Sauce.	29
Nro. 33	Gefüllter Wörsich (Wirsing).	29
Nro. 34	Sauerkraut mit Forellen.	30
Nro. 35	Scorzeneri oder Schwarzwurzeln.	30
Nro. 36	Poupédon von Weiß-Kraut mit Krebsen.	31
Nro. 37	Erdäpfel mit Butter-Sauce.	31
Nro. 38	Geschmälzte Erdäpfel.	32
Nro. 39	Gefüllte Gurken.	32
Nro. 40	Karfiol mit Krebs-Sauce.	32
Nro. 41	Gefüllter Spinat.	33
Nro. 42	Bayerische Rüben.	34
Nro. 43	Gefüllte Kohlraben.	34
Nro. 44	Sauerampf (Sauerampfer) zu kochen.	34
Nro. 45	Trüffeln als Gemüse.	35
Nro. 46	Briesen-Pastetchen mit Spargeln.	35
Nro. 47	Lauch oder Bori.	36
Nro. 48	Eyerwürstlein mit Schinken.	36
Nro. 49	Schnitten von Hirn.	36
Nro. 50	Gefüllte Omelette.	37
Nro. 51	Gebackenes Brod.	37
Nro. 52	Aal-Pastete.	37
Nro. 53	Reispastete mit Parmesankäs.	38
Nro. 54	Fleischstrudeln.	38
Nro. 55	Timbale von Makaroni (Italienische Pastete).	39
Nro. 56	Flädlein mit Spinat gefüllt.	39
Nro. 57	Rafiolen.	40
Nro. 58	Speckklöße.	40
Nro. 59	Klöße von Hecht.	41
Nro. 60	Klöße von gebratenem Fleisch.	41

Nro. 61	Eyer mit saurem Rahm.	42
Nro. 62	Gebackene Eyer mit Gurken-Sauce.	42

Fleisch als Hauptgericht:

Nro. 63	Rindfleisch mit Kurste von Parmesankäs.	45
Nro. 64	Englischer Braten.	45
Nro. 65	Bœuf à la Mode.	46
Nro. 66	Rindfleisch mit Fülle.	46
Nro. 67	Rindfleisch-Escaloppen.	47
Nro. 68	Ochsenzunge mit Sauerampf-Sauce.	47
Nro. 69	Zunge mit Sardellen-Sauce.	48
Nro. 70	Gefüllte Zunge.	48
Nro. 71	Kalbsleber zu backen.	49
Nro. 72	Gefüllte Kalbsmilze.	49
Nro. 73	Gebackenes Kalbfleisch.	50
Nro. 74	Lungenmus.	50
Nro. 75	Kuttelfleck in der Sauce.	50
Nro. 76	Kalbshirn mit Sauce.	51
Nro. 77	Artischockenkäs mit Kalbsbriesen.	51
Nro. 78	Lammfleisch mit frischen Morgeln.	51
Nro. 79	Spanische Vögel von Kalbfleisch.	52
Nro. 80	Tauben mit rothem Wein gedämpft.	52
Nro. 81	Ragout von Rothwildpret.	53
Nro. 82	Hammelschlegel mit Gurken.	53
Nro. 83	Schlegel von Hasen mit Trüffeln zu braten.	54
Nro. 84	Ragout von Hasen mit Trüffeln.	54
Nro. 84	Schlegel von einem Wildschwein zu braten.	55
Nro. 86	Enten mit Häring zu braten.	55
Nro. 87	Gefüllte Gans.	56

Fische auf verschiedene Art.

Nro. 88	Aal en Matelote.	59
Nro. 89	Hecht mit Zitronen-Sauce.	59
Nro. 90	Karpfen in weißer Sauce.	60
Nro. 91	Karpfen in Matelote.	60

Nro.	92 Stockfisch zu kochen.	61
Nro.	93 Kapuziner-Stockfisch.	61
Nro.	94 Stockfisch zu Sauerkraut.	61
Nro.	95 Gratin von Salm.	62
Nro.	96 Häringe mit Sauce.	62
Nro.	97 Krebse mit saurem Rahm.	63
Nro.	98 Ragout von Krebsen.	63
Nro.	99 Gespickte Krebse.	64
Nro.	100 Puding von Krebsen.	64
Nro.	101 Forellen am Rost zu braten.	65
	Siehe auch	
Nro.	52 Aal-Pastete.	38
Nro.	59 Klöße von Hecht.	41

Saucen zum Kombinieren und Probieren.

Nro.	102 Oliven-Sauce.	69
Nro.	103 Orangen-Sauce.	69
Nro.	104 Sauce à l'Espagnole.	69
Nro.	105 Sauce à la Polonaise.	70
Nro.	106 Gesalzene Krebs-Sauce.	70
Nro.	107 Krebs-Sauce/süß.	71
Nro.	108 Gurken-Sauce.	71
Nro.	109 Kalte Sardellen-Sauce.	71
Nro.	110 Meerrettig mit Milch.	71
Nro.	111 Sauce von Hägen oder Hagenbutten.	72
Nro.	112 Sauce von dürren Kirschen.	72
Nro.	113 Bischoff-Sauce.	73
Nro.	114 Zitronen-Sauce.	73
Nro.	115 Mandel-Sauce.	73
Nro.	116 Rosinen-Sauce.	74

Pudings und Mehlspeisen, süß und salzig.

Nro.	117 Puding von Reis.	77
Nro.	118 Süßer Puding von Reis.	77
Nro.	119 Puding von Mark.	77

Nro. 120 Puding von Erdäpfel auf andere Art. 78
Nro. 121 Puding von Erdäpfel mit Parmesankäs. 78
Nro. 122 Englischer Puding. 79
Nro. 123 Puding von Roggenbrod und Arrac. 79
Nro. 124 Auflauf mit Aepfel. 79
Nro. 124 Auflauf von Chocolade. 80
Nro. 125 Auflauf von Käs. 80
Nro. 126 Auflauf von saurem Rahm. 80
Nro. 127 Auflauf von Kaffee. 81
Nro. 128 Auflauf von Johannisbeeren. 81
Nro. 129 Grüner Auflauf. 82
Nro. 130 Gebackene Reisbirnen. 82
Nro. 131 Biscotennudeln. 82
Nro. 132 Doppen-Nudeln. 83
Nro. 133 Omelette mit Spinat. 83
Nro. 134 Eyerkuchen von Brod. 84
Nro. 135 Mandelwürstchen. 84

Allerlei Muß.

Nro. 136 Muß von Roggenbrod. 87
Nro. 137 Schüsselmuß. 87
Nro. 138 Zitronenmuß mit Wein. 87
Nro. 139 Aufgezogenes Apfelmuß. 87
Nro. 140 Chocolademuß. 88
Nro. 141 Weinmuß. 88
Nro. 142 Zwetschgenmuß. 88
Nro. 143 Krebsmuß. 89

Verschiedene Crèmes.

Nro. 144 Russische Crème. 93
Nro. 145 Crème von Himbeermark. 93
Nro. 146 Crème von Makaronen. 93
Nro. 147 Gebackene Crème. 93
Nro. 148 Flomeri von Reis. 94
Nro. 149 Crème Bouille. 94

Nro. 150	Schaum von Aprikosen.	95
Nro. 151	Champagner-Schaum mit Orangen.	95
Nro. 152	Kalte Schale mit Erdbeeren und rothem Wein.	96
Nro. 153	Kalte Schale mit Rosinen.	96
Nro. 154	Aepfel mit Crème.	96

Kuchen und Torten.

Nro. 155	Kuchen von Roggenbord mit Kirschen.	101
Nro. 156	Doppen- oder Käsekuchen auf andere Art.	101
Nro. 157	Zwiebel-Kuchen.	101
Nro. 158	Speck-Kuchen.	102
Nro. 159	Süßer Speckkuchen.	102
Nro. 160	Trauben-Kuchen.	103
Nro. 161	Schwarzbrod-Kuchen.	103
Nro. 162	Gefüllte Biscuit-Torten.	103
Nro. 163	Erdäpfel-Torte.	104
Nro. 164	Torte von Johannisbeeren.	104
Nro. 165	Compot-Torte.	105
Nro. 166	Reis-Torte.	105
Nro. 167	Mandel-Croquant.	106
Nro. 168	Apfeltorte mit Zitronenguß.	106
Nro. 169	Mark-Torte.	107
Nro. 170	Glas-Torte.	107
Nro. 171	Krach-Torte.	108
Nro. 172	Weichsel- oder Kirschen-Torte.	108

Kleine Backereien und Leckereien.

Nro. 173	Butterküchlein.	113
Nro. 174	Spanische Kolatschen.	113
Nro. 175	Speck-Küchlein.	113
Nro. 176	Gebackene Zwetschen.	114
Nro. 177	Tannenzapfen.	114
Nro. 178	Schneekräpfchen.	115
Nro. 179	Ulmer-Brod.	115
Nro. 180	Tortulette von Reis.	116
Nro. 181	Tortulette mit Kirschen.	116

Nro. 182 Zucker-Rosen. 116
Nro. 183 Zitronen-Holippen. 117
Nro. 184 Bauren-Krapfen. 117
Nro. 185 Nonnen-Kräpflein. 118
Nro. 186 Spanische Wind. 118
Nro. 187 Geröstete Mandeln. 119
Nro. 188 Kirschen zu glasiren. 119
Nro. 189 Johannisbeere zu glasiren. 119
Nro. 190 Castanien zu glasiren. 120

Getränke-Compositionen.

Nro. 191 Eyer-Punsch. 123
Nro. 192 Bischoff. 123
Nro. 193 Reformirter Thee. 123
Nro. 194 Sapajeau. 124
Nro. 195 Warmes Bier. 124
Nro. 196 Chaudeau (Schodo). 124
Nro. 197 Mandelmilch. 124
Nro. 198 Wasser-Chocolade. 125
Nro. 199 Quitten-Ratasia. 125
Nro. 200 Kirschen-Ratasia. 125